日本経済見捨てられる私たち

山家悠紀夫
Yukio Yanbe

青灯社

日本経済　見捨てられる私たち

装幀　木村凜

目次

序章　日本経済の今

今から十年ほど前、一九九八年を境に日本の経済社会は大きく変わり始めた、人々の暮らしが一段と厳しくなり始めた、と私は思っています。

このことを最初に思いましたのは、いきなり不吉な話になりますが、自殺者の統計を見た時でした。それまでずっと二万人少々、多い年でも二万五〇〇〇人台であった年間自殺者の数が一九九八年に突如三万人を超えた、細かく言うと三万二八〇〇人で、九七年を八〇〇〇人以上上回ったのです。そして以降、直近の統計のある二〇〇六年まで、連続して三万人台を割ることがありません。一九九七年以前と九八年以降、日本の経済社会に、とくに人々の暮らしの面に大きな構造変化が起こったのではないか、と思ったわけです。

そして、そういう目で人々の暮らしに係わる経済関係の統計を見ますと、一九九八年を境に流れが変わっているさまが目につくのです。

その状況はすぐ後の第一話で見ますが、二つだけ例を挙げましょう。

一つは賃金統計です。一九九七年まで、日本の働く人が受け取る賃金はずっと前年比プラスでした（規模三〇人以上の事業所、一人平均）。戦後一度として前年を下回ったことがなかったのです。それが、一九九八年に初めて前年比マイナス、九九年も、二〇〇〇年も前年比マイナスということで、前年比マイナスが二〇〇四年まで七年続きます。明らかに流れが変わった、と見ざるをえません。

いま一つ、就業統計もそうです。全国で働いている人の数、就業者数は一九五五年の四〇九〇万人から一九九七年の六五五七万人まで、毎年着実に増え続けていました。景気のいい時は大きく増える、悪い時は、それでも多少は増える、戦後一度として前年を下回ったことがなかったのです。それが、一九九八年に前年比およそ四〇万人減、以降二〇〇二年まで五年連続して前年に比べて減り続けました。二〇〇六年の統計でも六三八〇万人、九七年を一七〇万人ほど下回っているのです。

世間ではよく「失われた10年」などという表現が使われています。一九九〇年代の初め、バブルが破裂してから日本経済はおかしくなった、十年以上も停滞の年が続いたというのです。しかし、バブル破裂後の十数年を、このようにひとまとめにして見る見方ではことの本質を見抜くことができない、と私は思っています。

一九九八年に生じた人々の暮らしの流れの変化に注目することが大切だ、と思うわけです。

さて、次の問題です。

一九九七年頃までの日本の経済社会の流れと、九八年以降の流れを、とくに人々の暮らしに焦点をあててみて、そこに大きな断絶があったと認めるとし、その頃に構造変化が生じたと認めるとして、それではその変化は何が原因で生じたのか、ということです。

変化の原因として、世間の多くの人が、漠然とではあるけれども想定していると思われるのは、経済のグローバル化でしょう。日本の経済社会や人々の暮らしがグローバル化の荒波に襲われた、その下で暮らしの流れがおのずから変化せざるをえなかった、と見るのです。

日本の近隣、東北アジアや東南アジアの近年の経済発展は目ざましいものがあります。とりわけ、隣国、中国の成長発展はすごい。これらの国の製品がどっと日本に流れ込み、日本の企業の多くがこれらの国に進出しています。加えて、遠くアメリカやヨーロッパの国々との交流、競争も近年一段と強まった。これらの環境変化が日本の経済社会や人々の暮らしを変えた、と見るのです。

私は、こうしたグローバル化原因説に全面的に与《くみ》するものではありません。与するものではありませんが、しかし、変化の背景としてグローバル化の進展を見ておく必要はあると思います。本書の第一章をグローバル化をめぐる諸点に割くことにします。

日本の経済社会の変化の原因として、グローバル化よりもこちらの方が重い、と私が考えているのは「構造改革」政策とその影響です。グローバル化原因説と違って、「構造改革」原因説の方は、すぐに多くの方の賛同を得られるとは思えません。第二章で私の考え方を詳しく展開してご批判を仰ぐことにしましょう。

あとひとつ、問題があります。

一九九八年以降に生まれた、人々の暮らしが厳しくなるという流れが、さて、これからどうなるか、という問題です。残念ながら、今の日本政府はこの流れを保とうとしている、そして、できれば加速させようとしている、その方が日本経済全体のためになると考えている、と私は見ます。そして、現実にも、うかうかしているとそうなってしまうと予測しています。流れの犠牲者である人々の間にすら、この流れは必要なものであり、抗しがたいものでもあると受け止めてしまうという空気があります。

とりわけ危険なのは――流れを加速させようとする政府の企みはいろいろありますが、その中でも、多くの人々に比較的抵抗なく受け入れてしまわれかねない、その意味で危険なのは――「小さな政府」を目指す政府の政策です。

第三章では、「小さな政府」の問題を取り上げます。

本書では、以上記しましたように、①グローバル化、②「構造改革」政策、③「小さな政府」を中心に据えて、日本経済や人々の暮らしの、今とこれからの問題を考え、語っていくことにします。

「グローバル化によって日本経済は厳しくなり、人々の暮らしもきつくなった」「構造改革とは、そうした厳しい状況から日本経済を救い出そうとする、日本経済にとって必要な政策であり、正しい政策である」「日本経済を良くするためには、引き続き構造改革を進めることが必要であり、とりわけ、厳しい財政状況を考えれば、「小さな政府」の実現を目指すことが重要である」――広く世間に流布しているかに見えるこうした日本経済についての捉え方、考え方を、私は「日本経済に関する三つの誤解」と呼んでいます。あるいは「三つの神話」と呼んでいいかもしれません。

この本は、そうした「三つの誤解」を解きほぐすことに、あるいは「三つの神話」を解体することに目標を置きました。

できるだけ専門用語に頼らずに、できるだけやさしい言葉で語るよう心掛けていきましょう。

この「序章」を読まれた方が、つまらないと途中で投げ出されることなく、無事、「終章」まで読み進められましたら、それは、筆者にとって無上の喜びというものです。

この本を手に取られた皆さま、どうぞよろしく、最後までお付き合いください。

第一章　経済のグローバル化をめぐる神話

第一話　人々の暮らしが厳しくなった、しかし、それはグローバル化のせいとは言えない、という話

フリーター、ニート、ワーキングプア、ネットカフェ難民……少し前なら「なに？　その言葉」と聞き返されたであろうような言葉が一般に使われ、広がっています。

「生活が大変苦しい」と感じている世帯が五軒に一軒以上、「やや苦しい」とあわせて「苦しい」と感じている世帯が半数以上、というのは政府のアンケート調査の結果ですが、ワーキングプア、ネットカフェ難民といった人々は、この政府のアンケート調査からもはじき出されている人たちでしょう。政府の調査以上に、人々の暮らしは厳しくなっているということです。

所得は減り、働き口も不安定なものに

人々の暮らしが厳しい方へ、厳しい方へとはっきり動き始めたのは一九九〇年代の終わり頃からです。いくつかの統計でその様子を見ましょう。

まず、一番大掛かりな統計、政府が年に一回まとめている「国民経済計算」を見ましょう。そこに「雇用者報酬」という数字があります。日本国内の、全ての、雇われて働いて稼ぎを得た人の、一年間の稼ぎの合計額。賃金、ボーナス、諸手当等の合計、それに雇い主が負担した社会保険料等も加えた数字です。その数字を見ますと、戦後ずっと、一九九七年までは前年比プラスだったのですが、九八年に初めて前年比マイナスになります。以降マイナス傾向に転じています（図1－1）。一九九七年には二七九兆円であったものが、二〇〇六年は二六三兆円、この九年間に一六兆円減っています。全体として見ればそれだけ貧しくなった、ということです。

この数字を雇われて働いている人の数で割った、一人平均の数字はどうでしょうか。やはり同じです（図1－1）。一九九七年までは年々増え続けていたのが、九八年以降は減る

図 1-1　給料は減り続けている

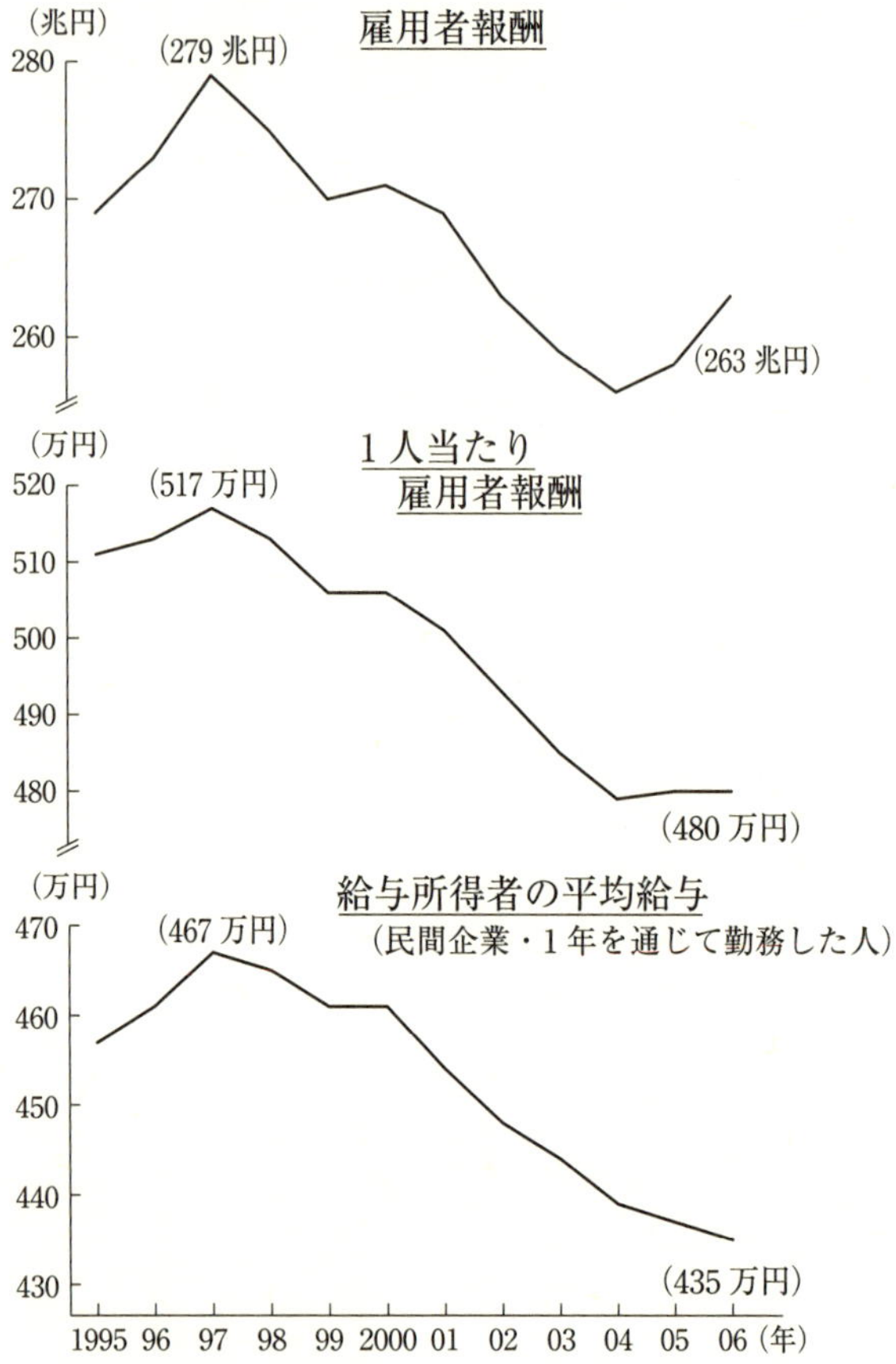

(資料) 内閣府「国民経済計算 (2007 年版)」、国税庁「民間給与実態統計調査」

方向に流れが変わっています。一九九七年の五一七万円が二〇〇六年の四八〇万円へ、年収は九年間に三七万円の減少です。

別の統計でも同様の結果が出ています。国税庁が毎年調査している「民間企業で働いている給与所得者、そのうち一年を通じて勤務した人（約四五〇〇万人）が受け取った給与の一人平均」の数字は、一九九七年の四六七万円をピークに、九八年以降毎年減り続け、二〇〇六年には四三五万円となっています（図1−1）。こちらの統計では、九年間で三二万円の減少です。

雇われて働いている人全体で見ても、一人平均で見ても稼ぎが減っていることの背景には、パート、アルバイト、派遣などといった安い給料で働いている人の比率が上がったことの影響が大きいと思われます。

ちなみに、正社員として働いている人の数は、一九九七年には三八一〇万人でしたが、二〇〇七年には三三九〇万人に、十年間で四二〇万人減っています。一方、そうでない人＝非正社員は一九九七年の一一五〇万人から二〇〇七年の一七二〇万人に、五七〇万人の増加です。その、全体（役員を除く雇用者数）に対する比率は、23％から34％へと上がっています（図1－2）。正社員と非正社員の賃金の格差は、一対〇・五ないし〇・六と見られます。安い給料で働く（働かざるをえない、働かされる）人の比率がこれだけ高まったことにより、雇われて働いている人一人平均の所得が減った、全体としての所得も減った、ということです。

もちろん、この間、正社員であり続けた人の給料・ボーナスも、増えた人は少なく、減った人が多かったという状況ですから、暮らしの立場からこれを見ると、一九九八年以降のおよそ十年というのは、正社員という安定した働き口が減る、給料は減る、という踏んだり蹴ったりの状況であったわけです。

「生活が苦しい」と訴える世帯の比率が高まり（図1－3）、自殺者が増え（図1－4）、生活保護を受ける世帯の数が著しく増えたことも（図1－5）、この十年の、人々の暮らしが厳しくなったさまを物語る数字です。

しかしそれは、グローバル化のせいではない

問題は、なぜ、このようなことが生じたのか、ということです。

図 1–2　非正社員が著しく増えている

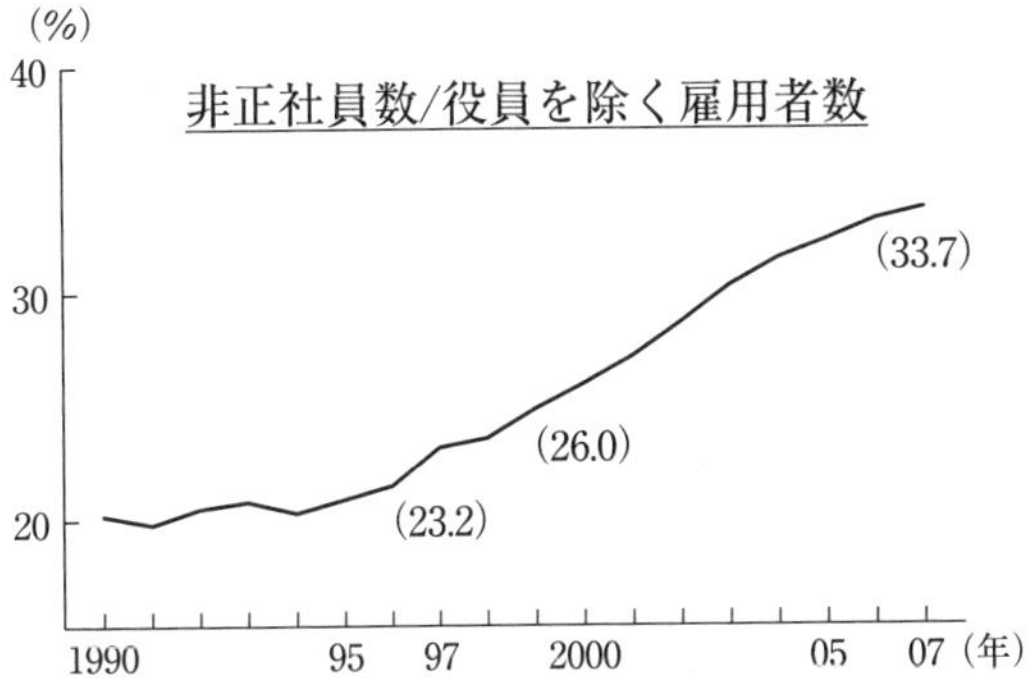

(注) 2001 年までは 2 月、2002 年以降は 1〜3 月平均
(資料) 総務省「労働力調査」

図 1–3　「生活が苦しい」世帯が増えている

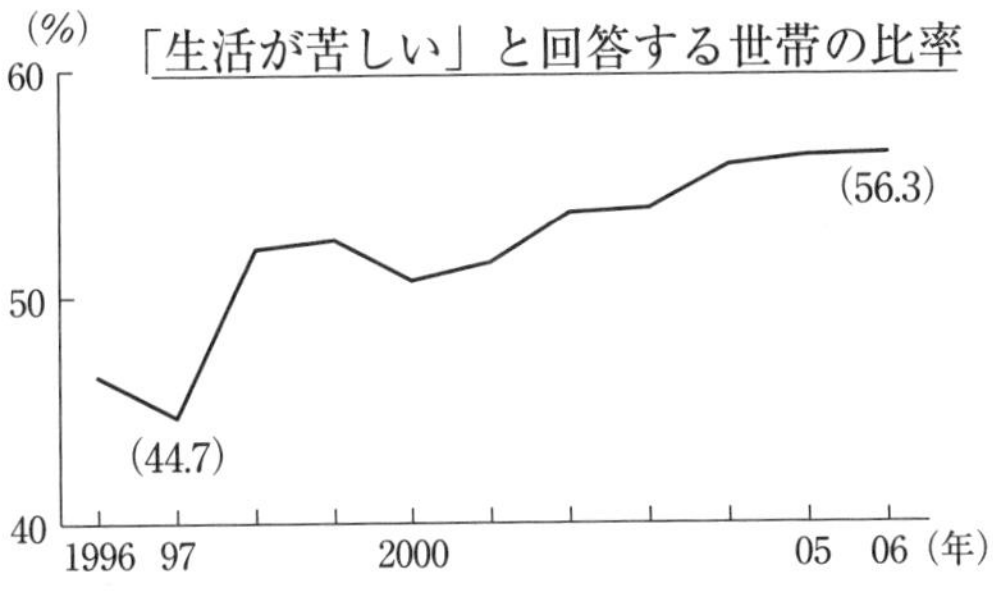

(資料) 厚生労働省「国民生活基礎調査」

図 1-4　自殺者が激増している

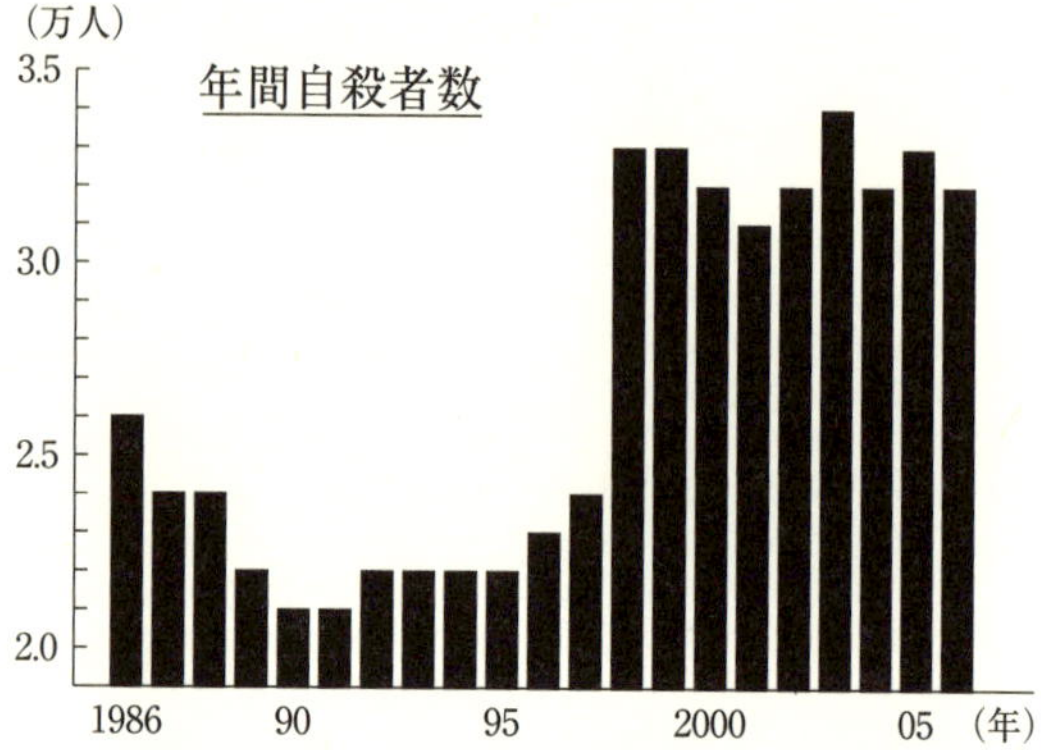

（資料）警察庁

図 1-5　生活保護受給世帯が増えている

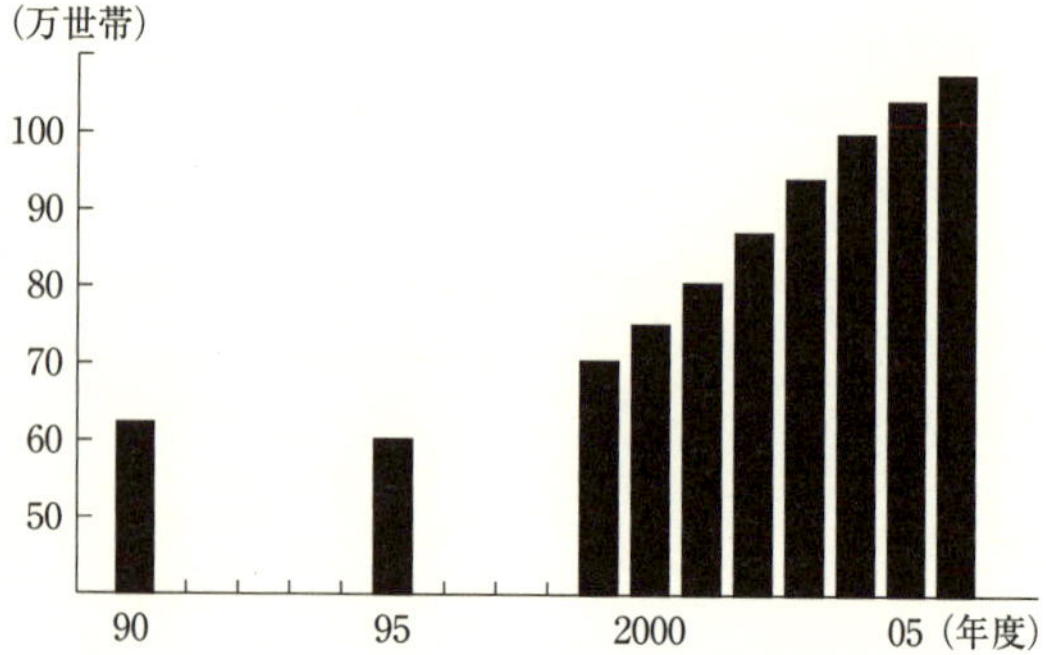

（資料）厚生労働省

一つ、印象に残るアンケート調査がありました。朝日新聞社が二〇〇六年四月に行ったもので、「小泉内閣の五年間で暮らし向きがどうなったか」を聞いたものです（朝日新聞4月26日）。「よくなった」という回答が18％、「悪くなった」という回答が42％でした。これはまず納得できるものです。印象に残ったのはその次の質問に対する回答です。「悪くなった」と回答した人に対しての、「それは小泉内閣の政策によるものだと思いますか」という質問に、「そう思う」との回答が43％、「思わない」との回答が45％だったというのです。わずかながら多数派だった「思わない」との回答を寄せた人々は、それでは、暮らし向きが悪くなったのはなぜだと思っているのでしょうか。

残念ながら、その先の、突っ込んでの質問はなかったようです。従って、以下は推測ですが、たぶん、かなりの人は「バブルの破裂やグローバル化の下で日本経済全体が厳しい状況に陥ったから……自分たちの暮らし向きも悪くなった」と受け止めているのではないかと思われます。もちろん、「自分に責任がある、努力しなかったから」と考えている人もあるでしょうし、「前世の因縁だ」と思い込んでいる人も、少数ではあるにしても、いるでしょうが。

しかし、ここで「バブルの破裂」や「経済のグローバル化」を持ち出すのは、明らかに誤りです。なぜなら、これらの原因説は、バブルが破裂した、もしくは、グローバル化が進んだ→その下で日本経済全体が厳しい状況になった→その結果、自分たちの暮らしも厳しくなった、という論理構成をとっていると考えられますが、この論理の中間項、日本経済全体が厳しくなった、ということは必ずしも言えないからです。

小泉内閣下の五年間について見ますと（一九九八年頃まで逆上っての十年についてみても同じですが）、たしかに暮らし（家計部門）は厳しくなりました。ここまで見てきた通りです。しかし、家計部門と並んで日本経済を構成するいま一つの部門――企業部門について見ますと、そうではありません。そうでないどころか、昨今の企業部門は、バブル期を上回る史上空前の利益を上げ、「我が世の春」を謳歌しているのです。二〇〇六年度の、日本の企業（金融・保険業を除く）の経常利益は五四兆円で、一九九七年度の二八兆円に比べ二六兆円増、バブル期一九九〇年度の三八兆円に比べても一六兆円増となっているのです（図1‒6）。

「バブルの破裂」や「グローバル化」が原因で企業経営が厳しくなっている、だからそ

図 1-6　企業は史上空前の利益を上げている

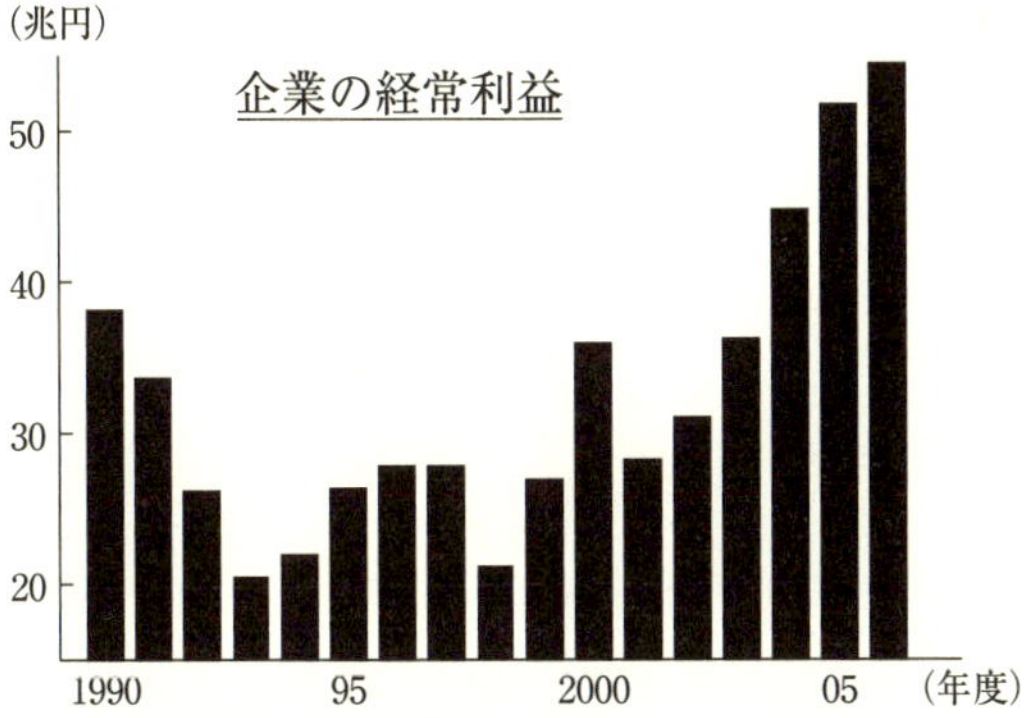

(資料) 財務省「法人企業統計年報」

こで働く人々の暮らしも厳しくなっている、というのなら、話はよく分かります。しかし、グローバル化の被害を受けた地域や産業など、部分的にはそういうことがあったとしても全体としてはそうではない。そうではないということは、人々の暮らしが厳しくなったのは「バブルの破裂」や「グローバル化」に原因があるのではない、別のところに原因を求めるべきである、と私は考えます。きわめて単純な考えです。

では、別のどこに原因があるのか。その追究は第二章までお待ちいただくとして、いましばらく、経済のグローバル化について見ていくことにしましょう。

第二話　そもそもグローバル化とは何か、その特徴についての話

第一話では、そもそもグローバル化とは何かという話をしないまま、グローバル化について語ってしまいました。順序が逆になった感もありますが、ここで、グローバル化とは何かについて触れておきましょう。

グローバル化は大昔からのもの？

グローブという言葉の本来の意味は球、そこから地球を指す言葉となっています。従ってグローバル化とは、訳せば地球化ということになります（ちなみに、中国語では全球化とか）。

グローバル化は、経済に限らず、社会や文化などについても言われていますが、経済に限って言いますと、グローバル化とは「経済活動の地球化」と解することができるでしょう。政府の「経済財政白書（二〇〇四年版）」は、グローバル化を「資本や労働力の国境を越えた移動が活発化するとともに、貿易を通じた商品、サービスの取引や、海外への投資が増大することによって世界における経済的な結びつきが深まること」と定義しています。

グローバル化（グローバリゼーション）という言葉はそんなに古い言葉ではありません。初めて登場したのは一九五一年、英語辞書「ウェブスター」に載せられたのが六一年、社会学の用語として初めて用いられたのが一九六六年といいます。欧米の新聞記事などに登場し、用語として市民権を得るようになったのは、一九八〇年代半ば以降、九〇年代に入ってからのようです（伊豫谷登士翁『グローバリゼーションとは何か』などによる）。

日本での使われ方を見ましても、一九九〇年代前半はまだわずか、九〇年代の後半から二〇〇〇年代に入って頻繁に使われるようになっています（図2－1）。

このように、言葉としては新しい、歴史の浅いグローバル化ですが、実体としてはどう

図 2-1　90 年代後半から「グローバル化」の記事が増える

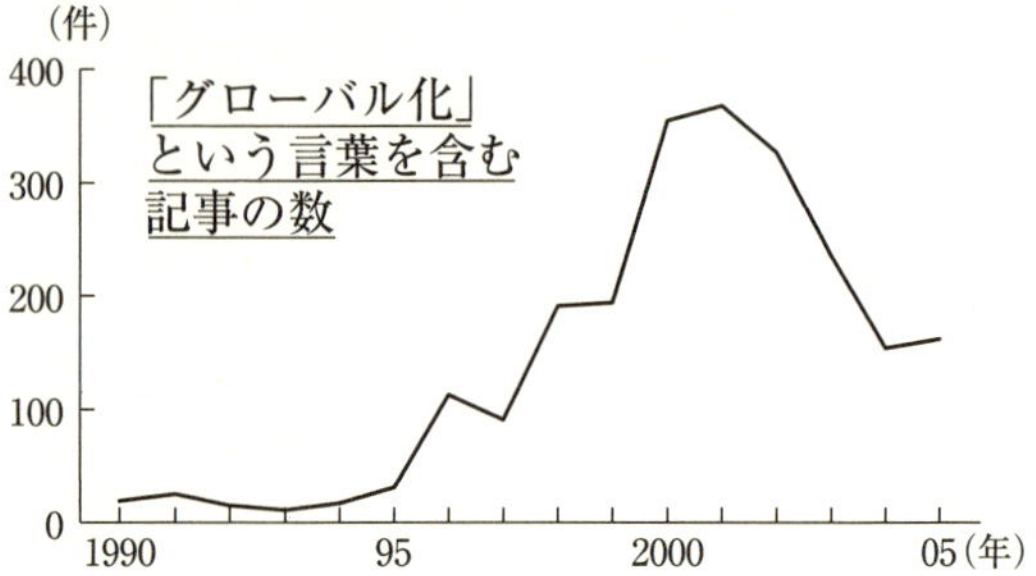

（注）朝日、毎日、読売の 3 紙合計
（出所）野口旭『グローバル経済を学ぶ』

なのでしょうか。

「経済活動の地球化」という視点から歴史を振り返ってみますと、私たちの祖先がアフリカに誕生したのが今から一〇〇万年以上前、その一部がベーリング海峡を渡り南アメリカの南端にたどり着いたのが一万二〇〇〇年前といいます。その頃のことや、その後の四大文明の頃のことは問わないとしても、マケドニア帝国の出現があり、ローマ帝国や漢帝国の登場があります。シルクロードが栄えた時代があり、大航海時代があってアメリカ大陸の「発見」があります。資本主義の発展があり、マルクスをして「大工業は……世界市場を作りあげた」（『共産党宣言』）と言わしめた時代があります。

経済のグローバル化は、人類の誕生からとまでは言わないにしても、かなりの昔から進んできた、とも言えるわけです。それが、今、なぜ、グローバル化なのでしょうか。逆上りようによっては人類の誕生にまで逆上ることができるグローバル化と、昨今のグローバル化を分かつものは何でしょうか？

国際化からグローバル化へ

グローバル化という言葉が一般化する前、今でいうグローバル化を指す言葉として広く使われていたのは国際化（インターナショナライゼーション）という言葉でした。

一時代から二時代前の「経済白書」を振り返ってみますと、その副題に、しばしば国際化という言葉が登場します。「国際化のなかの日本経済」（一九六八年）、「新たな国際化に対応する日本経済」（一九八四年）、「国際的調和をめざす日本経済」（一九八六年）、「長期拡大の条件と国際社会における役割」（一九九一年）、などなどです。

高度経済成長を遂げることによって日本が経済大国化した、それとともに、世界各国との経済交流も深まり、日本経済が各国経済に大きな影響を与えるようになった、ついては各国との交流のあり方にも十分配慮する必要がでてきた、という状況が背景にあります。

そうした国際化という言葉を使って考えられていた一昔前、あるいはそれ以前の時代と、グローバル化という言葉を使って考えるようになった今の時代と、大きく何が違うのでしょうか。

一つには、段階、もしくは水準の違いがあるかと思います。商品・サービスや資本や労働の交流の度合い、いわば国際化の度合い、あるいはグローバル化の度合いが「国際化の時代」よりも一段と進んだ段階として「グローバル化の時代」がある、ということです。その度合いの違いには速度の違いを入れてもいいでしょう。商品・サービスや資本や労働が、とりわけ資本が、かつての「国際化の時代」と比較にならない速さで、世界を経巡るようになった、それが「グローバル化の時代」である、ということです。

二つには、範囲の違いを挙げるべきかもしれません。「グローバル化の時代」にあっては、こと経済に関してだけでも、それは、多くの発展途上国のみならず、現・旧の社会主義国（中国、旧ソ連など）をも包み込んだものとしてある、「国際化の時代」にあっては、それらの国々は、暗黙のうちにではあるにしても、圏外の存在と考えられていた、ということです。また、「グローバル化の時代」にあっては、経済のみならず、マクドナルド化という言葉に代表されるように、文化や生活様式、その他の面での一体化をも含む言葉としてそれは使われている、ということです。

三つには――順序としては三番目になりましたが、大切さの上では第一に挙げるべきことと思われるのですが――生じている現象の「質」の違いです。

「国際化の時代」にあっては、いみじくもその言葉が象徴しているように、主体としての「国」が強く意識されています。「国境」を越える取引、それが国際取引であり、その国際取引が活発になることが国際化が進むことである、というわけです。

ところが、「グローバル化の時代」にあっては、「国」はもはや言葉の外にあります。「国境」もほとんど意識されていません。「国」を超え、「国境」を意識させないものとしての「地球化」、すなわち「グローバル化」、ということです。

「国際化」ではなく「グローバル化」として今の時代を表現すること、「国際化」のより量的に拡大し、発展した段階としてばかりではなく、「国際化」が質的に変化したものとして、すなわち、「国（家）」の力が相対的に弱くなった時代として時代を捉えること、そこに「グローバル化の時代」の特徴があると言っていいでしょう。

反グローバル化の動きも活発化

若干の整理をしておきましょう。

まず、歴史です。これまで見てきましたように経済のグローバル化を捉えますと、その基盤は、第二次大戦後に築かれたと見るべきでしょう。世界の通貨体制を安定させ、その下での貿易の拡大を図るという枠組みが戦後まもない時代に築かれました。以降、一九七〇年代までは、いわば、グローバル化の助走時代です。

その本格的な展開は、一九七〇年代（通貨体制の変動相場制への移行）から八〇年代（米・英における新自由主義経済政策の採用）に始まり、九〇年代（アジア諸国、とりわけ中国経済の成長。加えて旧ソ連諸国の市場経済体制への移行）に入って加速された、と見るべきでしょう。一九八〇年代から九〇年代にかけて、累積債務問題の深刻化を背景に、主として中南米諸国を対象に、ＩＭＦ（国際通貨基金）主導の新自由主義的経済政策が実施された、ということも与って力がありました。

現象面で一九八〇年代以降のグローバル化の進展を見ますと、世界貿易の拡大が進み、資本取引はそれ以上に拡大しています（図2-2）。EUの成立があり、各国間の経済成長の不均衡があって労働移動も活発化しています（EU内の、また域外からEUへの。あるいはアジアから中東諸国への）。ガット、後のWTO（世界貿易機関）などの力による、そしてIMFの指導による、加えて主としてアメリカの圧力による、各国の経済社会制度の均一化も目につくところです。

近年の特徴的なこととしては、①金融面の肥大化が著しく、その激しい動きがしばしば世界経済や各国経済を混乱させるに至っていること、②多国籍企業の力が強くなり、①の金融の動きと含めて、しばしば国（家）の制御が効かない状況が生まれていること、などが挙げられます。

加えて、グローバル化の進展によって、その恩恵を受ける国（主として先進国の一部）やグループ（日本における企業部門にその一例・第一話参照）や階層（主としてエリート層）がある一方で、著しく被害を蒙る国（主として発展途上国）やグループ（日本における家計など）や階層（農民層）がある、ということも忘れてはならないことでしょう。グ

図 2-2　進行するグローバル化

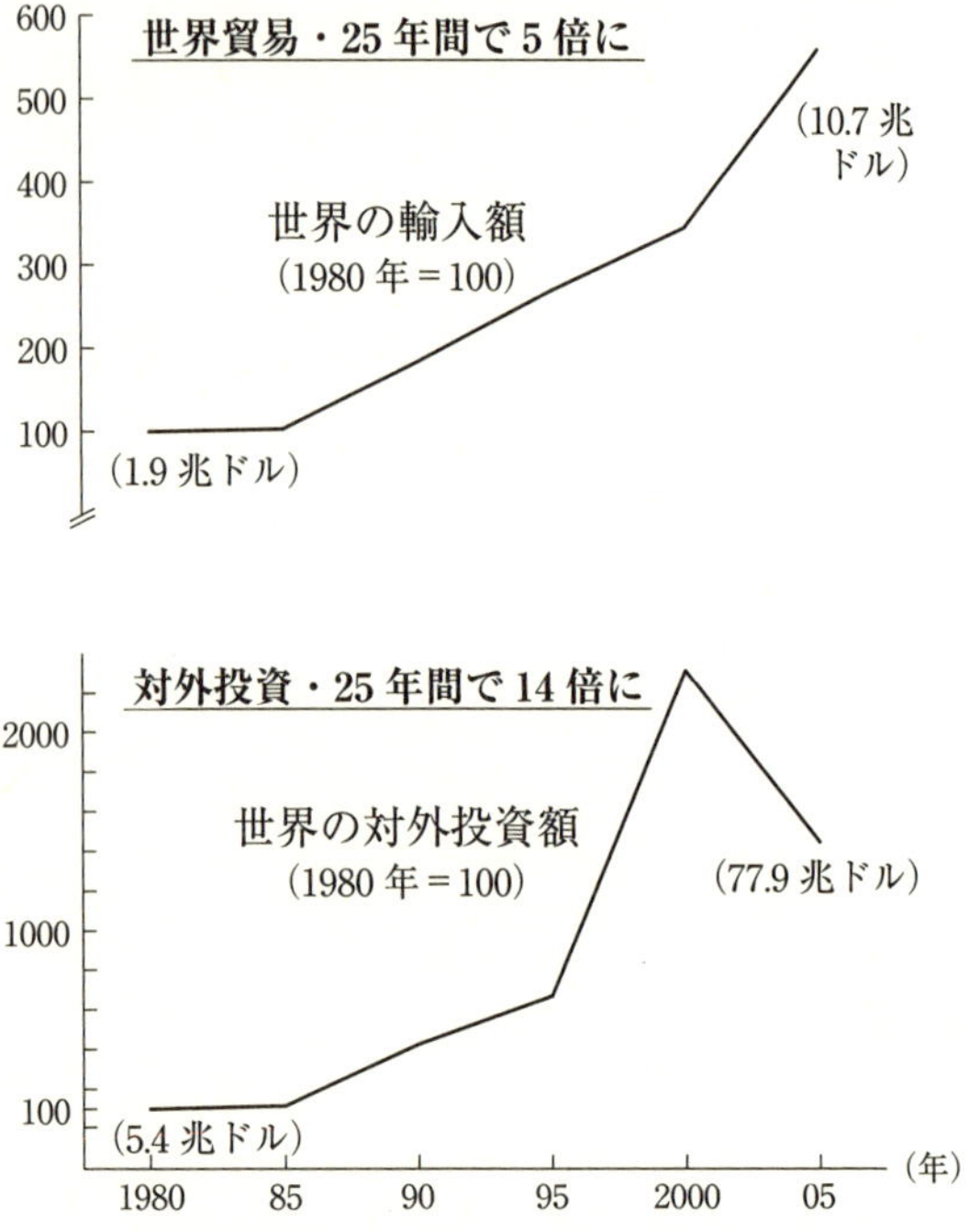

(注) 1980 年を 100 とする指数。(　) 内は実額

(資料) 経済産業省「通商白書 (2007 年版)」

ローバル化の恩恵を説き、その推進、あるいはそれへの適応の必要を説くグループ（例えば日本政府）がある一方で、反グローバリズム（シアトルでのＩＭＦ・世銀総会への反対運動の高揚など）の運動が活発化しているゆえんでもあります。

第三話　中国の成長発展が日本経済停滞の因などというのはとんでもない説だ、という話

グローバル化の日本経済への影響を語る際に、しばしば言及されるのが中国経済の成長発展がもたらすマイナスの影響です。日本企業、とりわけ製造業の中国進出によって国内が空洞化した、中国製品の大量輸入によって国内産業が打撃を受けている、等々。

たしかに、このところの中国経済の成長は目ざましいものがあり、上海その他沿岸都市の発展、変貌ぶりは目を見張らせるものがあります。大企業、中小企業を問わず日本企業の多くが中国に進出しており、国内の小売店を見れば、電気製品から衣料品、それに食料品まで、中国からの輸入品があふれています。グローバル化の日本経済への影響がはっき

りと目に見えるわけですが、はたしてそれをもって中国経済の成長発展が日本経済にとってマイナスの影響を及ぼしていると言えるのでしょうか。

輸入は激増している、しかし輸出も

まず、統計を見ましょう。

中国からの輸入はたしかに著しく増えています。香港も含めての数字ですが、中国からの年間輸入額は一九九〇年に二兆円であったものが二〇〇六年には一四兆円、十六年間で七倍という増えようです（図3―1）。日本の輸入総額に占める比率も6％から21％に跳ね上がって、今や中国は、日本の最大の輸入相手国です。その輸入額（一四兆円）は、サウジアラビアやアラブ首長国連邦など全中東地域からの輸入額（一三兆円）をも上回っているのですから驚きです。

何をそんなに輸入しているのでしょうか。

多いのは、まず電気機器（二・七兆円）、そして衣類やその付属品（二・三兆円）、電算機やその周辺機器（一・二兆円）、それに食料品（〇・九兆円）といったところです。電

図3-1　拡大する中国との貿易

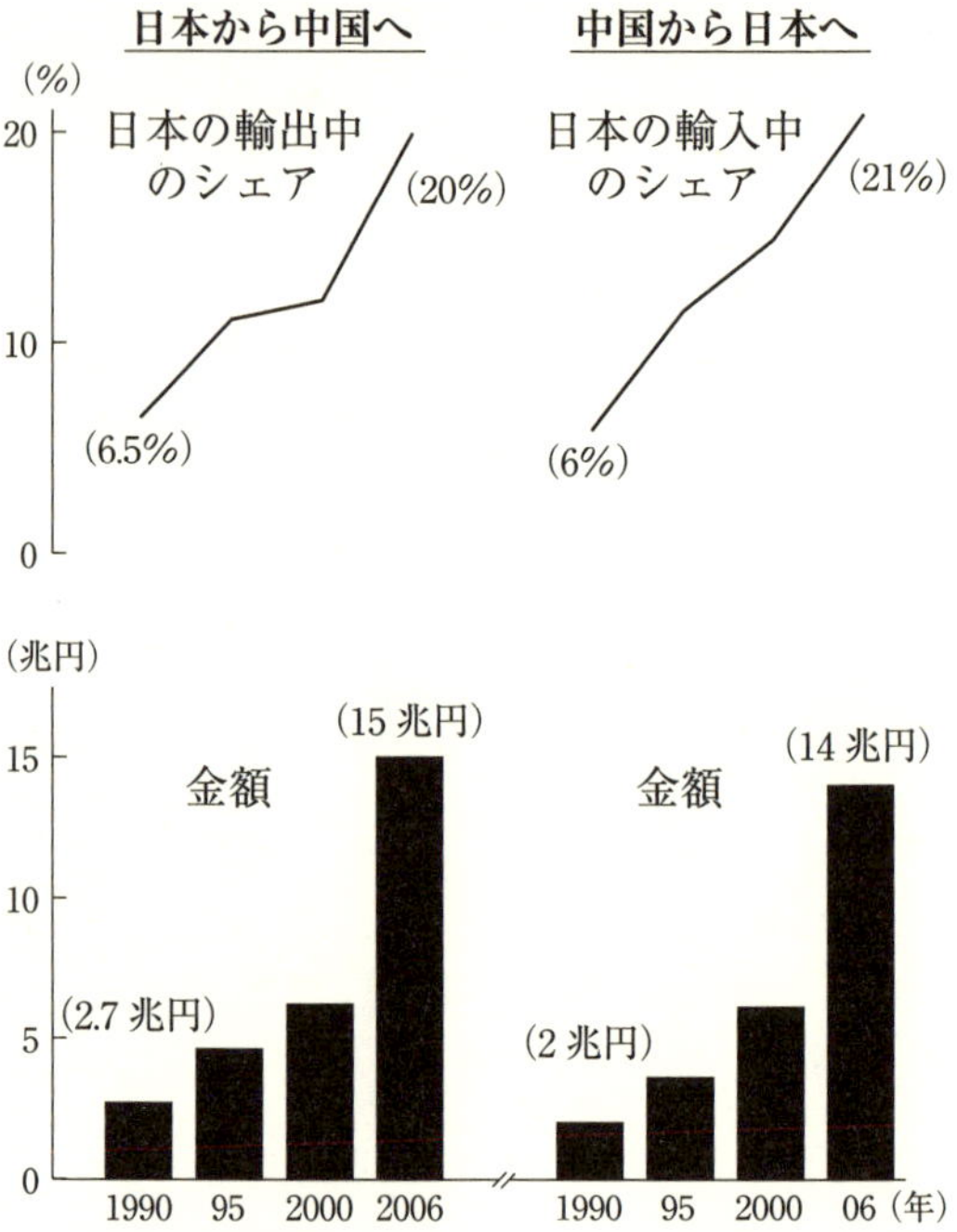

(注)中国は香港を含む
(資料)財務省「貿易統計」

気店やデパート、スーパーなどで中国製品が目につくのも当然、そしてその蔭では国内産業はさぞ痛手を受けているだろうなとの想像も働く、というものです。

それはその通りなのですが、ただ、その一方で、日本から中国への輸出が伸びていることにも目を向けなければ、中国経済の成長発展の日本経済への影響の全体像を見誤るというものです。

日本から中国への輸出もまた著しく増えているのです。これも、香港を含めての数字で見ますと、日本から中国への輸出額は一九九〇年に二・七兆円であったものが二〇〇六年には一五兆円、一六年間に五・六倍に増えています（図3―1）。日本の輸出総額に占める比率は6.5％から20％に跳ね上がって、今や中国は、アメリカに次ぐ日本の輸出相手国となっています。その輸出額（一五兆円）は、全ヨーロッパ向け輸出額（一一兆円）を大きく上回っているのです。

主な輸出品は何でしょうか。

半導体電子部品を主体とする電気機器（二・九兆円。主に部品）、一般機械（二・二兆円）、鉄鋼・非鉄などの原料品（一・七兆円）などといったところです。中国の電気店やデパート、スーパーではなく、中国の工場に行ってみますと、必ずや日本製の機械、そしてさまざまな機械部品に、きっと至る所でお目にかかれることでしょう。これらに関係する日本の業界は、ずいぶんと中国経済の成長発展の恩恵を受けていると想像できるわけです。

日本から、生産機械や電子部品などを中心にあわせて一五兆円を中国に輸出、それをもとに、中国は電気機械などを組み立てアメリカ、ヨーロッパ、そして日本に輸出、あわせて衣料品や食料品も日本に輸出、日本向けの額およそ一四兆円で、差し引き日本の一兆円の輸出超過、これが日中貿易の二〇〇六年の姿です。

一九九〇年には、日本の輸出およそ三兆円、輸入二兆円という姿でしたから、大きく様変わりした（グローバル化が進んだ）ことはたしかです。しかし、その様変わりは、日本経済に打撃を与えた（農業、繊維産業、電気機械製造業など）一方で、恩恵をもたらした（電子部品製造業、一般機械製造業など）と見るべきでしょう。

ここでは対中国との関係の変化だけを取り出してみましたが、ことは、台湾、韓国、シンガポール、それにタイ、マレーシア、ベトナムなどといった発展するアジア諸国との関係についても同様です。今や、日本のアジア地域向け輸出は三六兆円で輸出総額の48％、アジアからの輸入は二九兆円で輸入総額の44％となっています。アジアを中心に進んだといえる貿易のグローバル化の中で、日本経済はその打撃を受けつつも恩恵も受け、その姿を変えてきているのだと見るのが、冷静な見方と言えるでしょう。

ちなみに、二〇〇六年版の「経済財政白書」は、「日本はその他のＯＥＣＤ諸国に比べると、比較的輸出環境に恵まれた状況にある」として、そうした環境下での輸出の増加が「起爆剤となってデフレ下での景気反転を促した」と書いています（図3―2）。

総体として見るとプラスの影響

グローバル化と総称される現象のうち、少なくとも貿易面でのグローバル化が日本経済に与える影響については、総体としてはプラスになっていると把えた方がいいようです。

もちろん、その蔭で、打撃を受けている産業や企業、そしてそこで働いている人々などが多くあることは軽視できません。

軽視はできませんが、しかし、それは、グローバル化（もっと広く、自由貿易）の進行

図 3-2　日本の輸出市場の伸びは高い

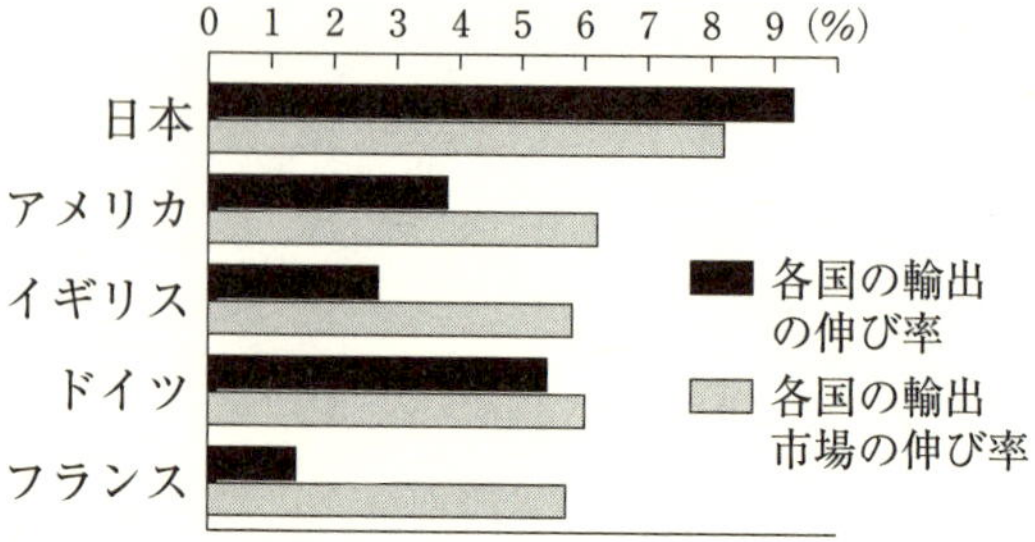

（注）2002 年から 2005 年の伸び率

（資料）内閣府「経済財政白書（2006 年版）」

表 3-1　変化する貿易構造

（上位５品目とそのシェア〈%〉）

		1950 年		1970 年		1990 年		2006 年	
輸出	1	綿織物	23	鉄鋼	15	自動車	18	自動車	16
	2	鉄鋼	15	船舶	7	事務用機器	7	半導体等電子部品	7
	3	人造・ガラス繊維織物	6	自動車	7	半導体電子部品	5	鉄鋼	5
	4	生糸	3	金属製品	4	映像機器	5	自動車部品	4
	5	水産物	3	ラジオ	4	鉄鋼	4	科学光学機器	3
輸入	1	綿花	38	原粗油	12	原粗油	14	原粗油	17
	2	小麦	15	木材	8	繊維製品	6	半導体等電子部品	4
	3	米	9	鉄鉱石	6	魚介類	5	衣類	4
	4	羊毛	6	非鉄金属	6	非鉄金属	4	天然ガス	4
	5	砂糖	5	石炭	5	石油製品	4	非鉄金属	3

（資料）財務省「貿易統計」

がもたらす一つの宿命であると見なさざるをえません。

例えば、戦後の日本の貿易について、主要輸出入品の変遷を見ますと、輸出については、繊維製品が主体であった時代（一九五〇年代）から鉄鋼、船舶が中心の時代へ（七〇年代）、そして自動車や半導体中心の時代へ（九〇年代以降）と、大きく変わってきています。輸入についても同様で、繊維原料主体の時代（五〇年代）から原油の比率が高い時代へ（七〇年代以降）と変化しており、かつての主要輸出品であった繊維製品や魚介類が主要輸入品となっている、という変化も見られるのです（表3－1）。

これは、産業構造の変化について見ても同様で、アジア経済の成長、あるいは中国経済の成長が著しく、グローバル化の進展とその影響が広く議論されている一九九〇年代半ば以降についてみますと、就業人口の構成比で見て、農業や製造業の比率の低下、サービス業の比率の上昇が見られるのですが、これは、一九八〇年代半ば以降からすでに見られていた現象なのです（図3－3）。

なお、ついでに触れておきますと、二〇〇〇年頃を境に、建設業、卸・小売業などの比率の低下が見られ、それ以前とは明らかに流れが変わっています。その原因は、国内経済

図 3-3　変化する産業構造
（就業人口構成比）

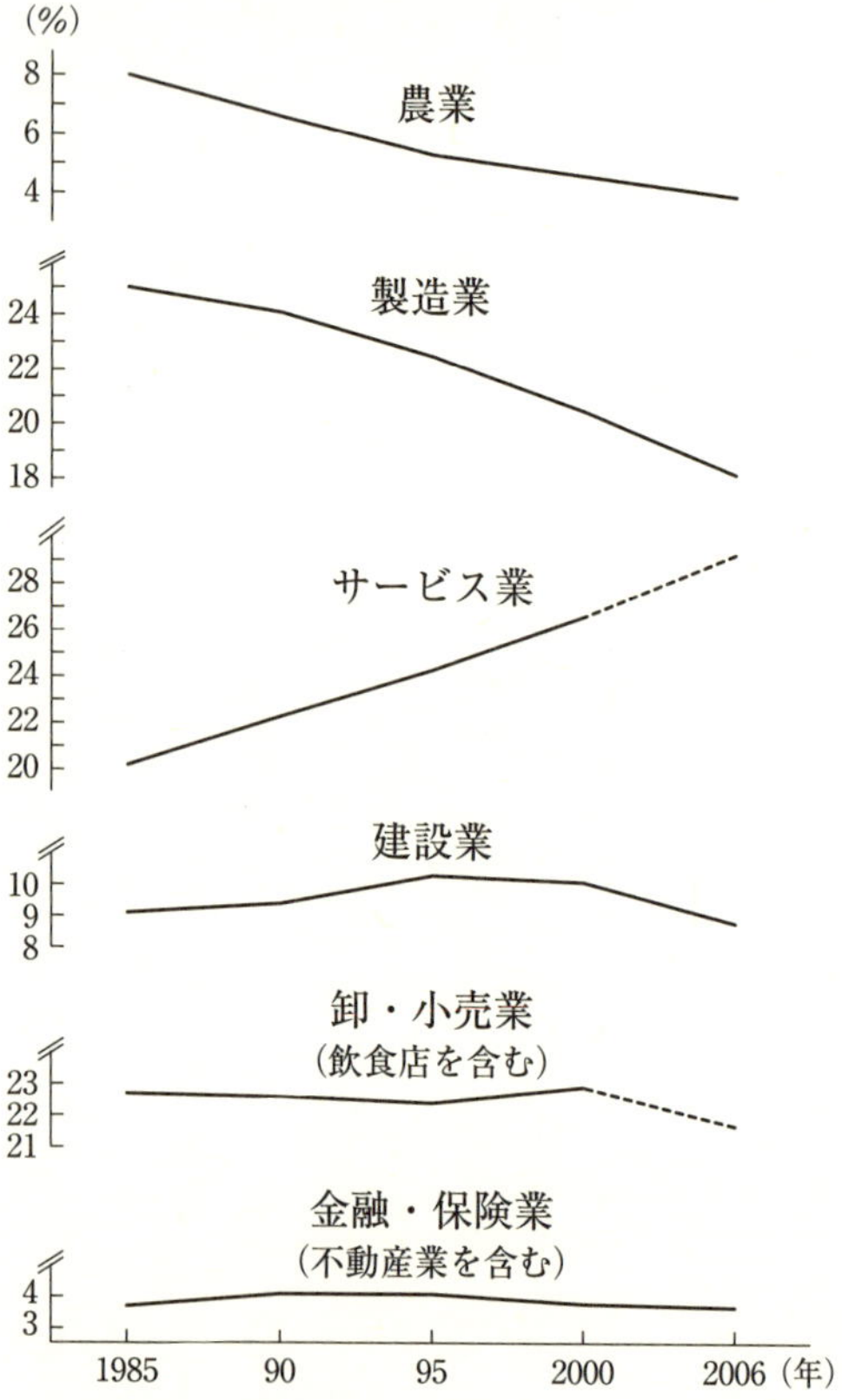

（注）サービス業、卸・小売業については 2002 年に分類変更があり、不連続。
（資料）総務省「労働力調査」

の状況（バブルの破裂、家計部門の景気の悪さ・消費の不振）や、経済政策（とりわけ「構造改革」政策）にあり、グローバル化の方は、そうした国内要因に比べれば、むしろその影響は小さい、と見るべきでしょう。

残された問題は、貿易のグローバル化がもたらしているマイナスの面にどう対処するかという問題ですが、これについては、後に（第五話で）見ることにしましょう。

第四話　グローバル化の時代にあっては国際競争力の強化が必要だというのは全くわけのわからない説である、という話

グローバル化が進む、国際競争が熾烈化する、そこで国際競争力を強化しなければならない……政府の文書、色々な審議会の文書、そして経団連などの文書で、至るところに登場する表現です。国際競争力の強化、国際競争力の強化、国際競争力の強化……しかし、国際競争力とは何でしょうか。

商品の国際競争力なら分かります。海外で売れるかどうか、海外の商品に対抗できるかどうか。企業の国際競争力も分かります。海外の企業と互角に渡り合えるかどうか。産業の国際競争力も分かります。日本の農業の国際競争力は弱い、自動車産業のそれは強い、

等々。

しかし、政府の文書などに登場するのは、商品や、企業や、産業の国際競争力を指す言葉ではありません。日本の、日本経済全体の国際競争力――しかし、国の国際競争力とは何でしょうか。

国際競争力についてのランキング

毎年、決まったように新聞紙上に登場する国際競争力についての記事が二つあります。

一つは、スイスの国際経営開発研究所（ＩＭＤ）が発表する世界競争力ランキングです。「日本上昇21位」というのが二〇〇五年のランキングを報じる記事の見出しです。前年の23位から21位に上がった、という内容を伝える記事です。「21位が17位に」というのが二〇〇六年のランキングを報じる記事の見出しです。両年とも、1位はアメリカ、2位は香港、3位はシンガポールです。

いま一つは、ジューネーブにある世界経済フォーラムが発表する世界競争力ランキングです。この方は、日本は、二〇〇五年が12位、二〇〇六年が7位。二〇〇七年が8位。1

位は、二〇〇五年がフィンランド、二〇〇六年がスイス、二〇〇七年がアメリカとされています（表4－1）。

何をもってこの順位を出しているのでしょうか。ＩＭＤのそれは、経済動向、政府の効率性、ビジネスの効率性、インフラ整備状況の四分野を、三〇〇項目以上に数値化して採点、ランキングとして発表しているとのことです（対象60か国・地域）。一方、世界経済フォーラムのそれは、マクロ経済や行政効率、技術力、インフラ整備状況、教育などの要素を指数化し、研究者や経営者約一万一〇〇〇人へのアンケートをもとに算出しているといいます（二〇〇七年の対象131か国・地域）。

そうして出した数字を「国際競争力」と呼んでいいものかどうか疑問がありますし、そのランキングに何の意味があるのかもわからず、単なる遊びとしか思えません。その「遊び」の数字を、かなりのスペースを使って報道している日本の新聞にも、その意義を尋ねたいところです。

ともあれ、こうした国際競争力に関するランキングはありますが、政府や経団連は、何も、ここでのランキングを上げたい、下がると大変だと思っているわけではなさそうで

表 4-1　世界競争力ランキング

	国際経営開発研究所(IMD)	世界経済フォーラム
1	アメリカ	アメリカ
2	香港	スイス
3	シンガポール	デンマーク
4	アイスランド	スウェーデン
5	デンマーク	ドイツ
6	オーストラリア	フィンランド
7	カナダ	シンガポール
8	スイス	日本
9	ルクセンブルク	イギリス
10	フィンランド	オランダ
⋮		
17	日本	

(注) IMD は 2006 年。世界フォーラムは 2007 年。
(出典) 朝日新聞、2007 年 11 月 1 日ほか

す。

国際競争力を決めるもの

商品の国際競争力について考えてみましょう。その強弱は何で決まるのでしょうか。

一番重要な要素は、その商品の質でしょう。どの国の商品も対抗できないような高品質の商品であれば国際競争力は抜群です。

次に、同じ質であれば値段がものをいいます。安いものほど国際競争力は強い。そして値段を決めるのはその商品の製造コスト、加えて、国際市場であれば大きな影響力をもつのが為替（円）相場です。

すなわち、質とコストと円相場、この三つが商品の国際競争力を決めると考えていいでしょう。

企業の国際競争力、産業の国際競争力、そして国の競争力も、この商品の国際競争力の延長線上で考えていいし、考えられてもいるようです、すなわち、国際競争力の強い商品を多く抱えている企業の国際競争力は強い、産業の国際競争力は強い、国の国際競争力も強い、と。

そこで再び商品の国際競争力に話を戻して考えましょう。その強弱を決める三つの大きな要素のうち、商品の品質について言えば、企業の技術力、研究開発力が大切で、企業はそれに必要な体制を整え、人材を揃え、資金を用意する必要がある、ということになります。資金に係わって言えば、企業の税負担などは軽い方がいい、となる次第です。

二つ目の要素、コストについて言えば、何よりも生産効率がいいことが重要ですが、それとともに、賃金が低いことや企業の税・社会保険料負担が軽いことも望ましい、ということになります。

三つ目の要素、円相場については、商品にとっても、企業にとっても、産業にとっても、あるいは国にとってすら、ほとんど与件として考えざるをえない、というのが現状です。

「国際競争力」という呪文

グローバル化の下で国際競争力を強くしなければならない、という説について考えましょう。

疑問が二つあります。

一つは、日本経済の現状にあって、国際競争力を強化することが差し迫った課題であるか、という疑問です。

国際競争力が弱まると何が起こると、政府は、あるいは経団連は考えているのでしょうか。想像するに、第一に、海外で、日本商品の多くが競争に負けて輸出が減ってしまう、第二に、国内で、外国商品との競争に国産品が負けて輸入が増える、第三に、結果として、貿易収支が赤字となり、日本経済が、あるいは国民が、必要とするものも買えなくなる、そういう状況になるのを恐れている、ということなのでしょう。

しかし、現状で見る限り、その心配は全くない、と言ってもいいのです。日本の貿易収支（モノの輸出と輸入の差額）は、ここ二十年ばかりをとって見ましても、毎年一〇兆円を超すか一〇兆円弱の黒字（輸出超過）です（図4−1）。経常収支（サービスのやりとりや、資金運用収支も含む）に至っては、二〇〇六年は二〇兆円近くの黒字、先進国一の黒字国なのです（表4−2）。ついでに言えば、日本は経常収支の黒字世界一の座を、一九九

図 4-1　日本の貿易収支
（ほとんど毎年 10 兆円超の黒字が続く）

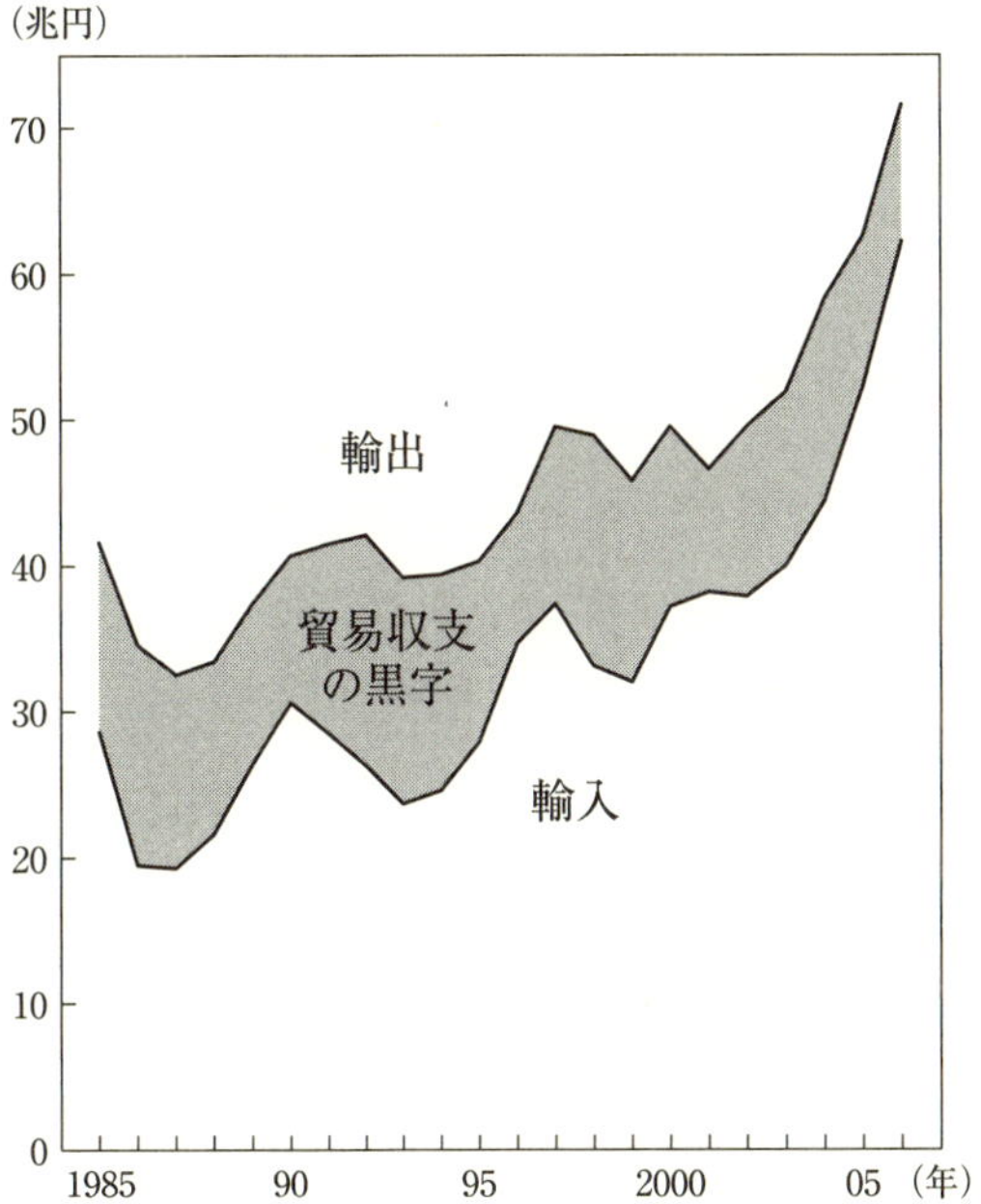

（注）2006 年の黒字は 9.5 兆円。原油価格の高騰による輸入増で貿易収支は 2001 年（8.4 兆円の黒字）以来の 10 兆円割れ。

（資料）財務省「貿易統計」

表 4-2　日本は先進国 1 の黒字国

（主な国の経常収支）

（単位：億ドル）

	2005 年	2006 年	2007 年（予測）	2008 年（予測）
日本	1663	1712	2077	2407
ドイツ	1292	1479	2182	2369
スイス	602	653	692	745
ノールウェイ	465	561	566	662
スウェーデン	254	259	311	317
カナダ	265	214	251	293
フランス	△246	△277	△252	△252
イタリア	△279	△448	△508	△563
イギリス	△526	△801	△870	△765
アメリカ	△7951	△8567	△8419	△9048

（資料）OECD「Economic Outlook №81」（2007.5）

〇年代以降、二十年以上にわたって、一度として他国に譲っていません。日本は、先進国で一番対外収支にゆとりのある国、いわば、世界で一番国際競争力の強い国なのです。

いま一つの疑問は、国際競争力を強くするために、たとえば企業減税をしなければならないと主張されている、そうすることにどれほどの効果が期待できるか、という疑問です。

企業収益に対しては、法人税・事業税などあわせて約40%の税が課せられています。これを、国際競争力を考慮して30%を目途に引き下げるべし、というのが経団連の主張です。政府もその主張に理解を示しています。

簡単な試算をしてみましょう。二〇〇六年度の全産業の売上高は一五七〇兆円、経常利益は五四兆円です。利益の10%と言えば五・四兆円、その分を減税して国際競争力を強化しろというのですが、どうでしょうか。売上高の0.3〜0.4%の分税負担が軽くなった、その分値下げするとして、どれだけ競争力が強くなるでしょうか。あるいは企業は値下げせず、内部留保に回すかもしれませんが、現状でも企業の投資額は資金蓄積額（内部留保＋減価償却）を下回り、内部留保のかなりが借入金返済等に充てられているのです。減税によって生まれた資金が、国際競争力強化のための投資に向かうとは思えません。

「日本は資源がない国で海外からの輸入に頼らなければならない、その分、輸出しなければならない。輸出しなければ日本は生きていけない」――私たちは、永年そのように思い込んで（思い込まされて）きました。国際競争力に響く――輸出ができなくなる、という脅しがそれだけ効きやすい精神状態に私たちはある、ということです。

この状況を、「国際競争力という呪文」と私は呼ぶことにしています。この呪文さえ唱えれば、企業はかなりの程度やりたいことができる。賃金を抑えることも、税金をまけてもらうことも……。

呪文に惑わされないで、目を開いて現状をしっかり見るようにしましょう。

第五話　グローバル化の下で競争力を失う産業をどうするか、という話。あわせて、農業については特別な保護措置が必要である、という話

グローバル化のもとで被害を蒙る産業、企業がある一方で恩恵を受ける産業、企業もある、そして、日本経済全体で見ると恩恵の方が大きく、国際競争力を問題視するには当たらない、という事実を見てきました。

残された問題は、被害を蒙る産業や企業、そしてそこに働く人たちのことをどう考えるか、ということです。

賃金の低下は必然、などということはない

大きな誤解が一つあります。それは、日本は中国やアジア諸国と競争していかなければならない、そして、これらの国の賃金は日本に比べてきわめて低い、競争に勝つためには日本の賃金を抑えなければならない、あるいは、厳しい競争をしているのだから日本の賃金も抑えられて当然だ、とする考え方です。この考え方をとると、グローバル化の下で人々の暮らしが厳しくなるのも当然だ、ということになります。

たしかに、中国やアジア諸国の商品と、価格の面でぎりぎりの勝負をしている産業や企業にとっては、そういう調整——競争力を維持するために賃金を抑えるという調整——を強いられることもままあるでしょう。しかし、それはごく一部のことであると見るべきでしょう。日本の賃金を抑制して対抗するには、日本と、中国やアジア諸国との賃金の格差は、(為替レートの問題を抜きに考えるにしても) あまりにも大き過ぎます。なまなかの調整で競争力が維持できるというものではありません。

ですから、現実の場面では、日本の産業や企業が、賃金を抑えて競争力を維持するより

も、競争することをそもそもあきらめて、勝てない分野や、勝てない商品からは撤退する、勝てる分野、勝てる商品に活路を見出して転進する、という選択をすることになります。自らの産業、企業の賃金を引き下げることによって対抗するのではなく、例えば日中間の賃金格差はそのままに、日本のそのままの賃金水準でも中国と対抗できる商品に、日本の産業、企業は勝負の場を移していく、ということです。

ですから、グローバル化の下で必然的に賃金が抑えられる、生活が厳しくなる、ということがおこるわけではありません（現実にそれがおこっているとしたら、グローバル化を口実に、企業がうまくそれを利用した、ということでしょう）。

そうではなくて、中国やアジア諸国から輸入する商品と、日本から輸出する商品の住み分けがおこり、産業構造の転換がおこる、ということです。そして、このことは、転換を強いられる産業、企業、加えて、そこに働く人々にとっては厳しいことですが、自由貿易体制の下では、あるいは、グローバル化が進展する下では、それは、ある程度、やむをえないことだと言うほかありません。いかにうまく転換を図るか、転換に伴って生じる摩擦や人々の痛みをいかに少なくするかは、すぐれて政策の課題であると言っていいでしょう。

食料自給率は一段と下がる確率大

ところで、うまく転換させることが政策の課題といってすましておれない分野がありま
す。農業の分野がそれです。

日本の食料自給率（カロリーベース）は39％（二〇〇六年）です。一九六〇年代半ばまでは70％を超えていたものが、七〇年代に60％に落ち、八〇年代は50％台前半、九〇年代は40％と落ちてきました（図5―1）。自由貿易体制の下で、日本の工業製品の国際競争力が強い分だけ、円高が進展するなどし、そのあおりをくって、農業は国際競争力を失ってきた、と言えるでしょう。ちなみに、食料自給率39％というのは、先進国中最低の水準です（図5―2）。

さすがにこの低さは問題だということで、政府は、二〇一五年度に向けて食料自給率を45％に引き上げるという目標を掲げています。消費面では食生活の変化を促す（洋食より和食を、すなわち、パンより米、スープよりみそ汁、肉より魚、サラダより和え物）、生

図 5–1　低下が続く食料自給率

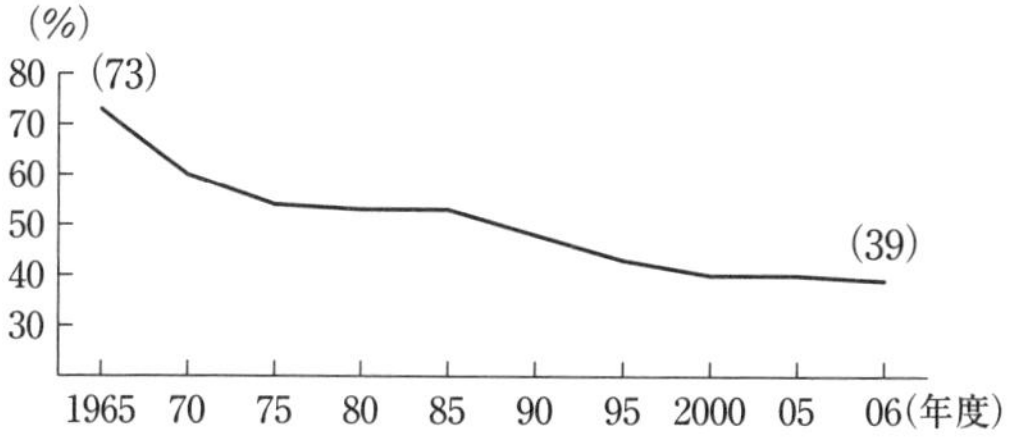

（資料）農林水産省「食料需給表」

図 5–2　日本の食料自給率は先進国中最低

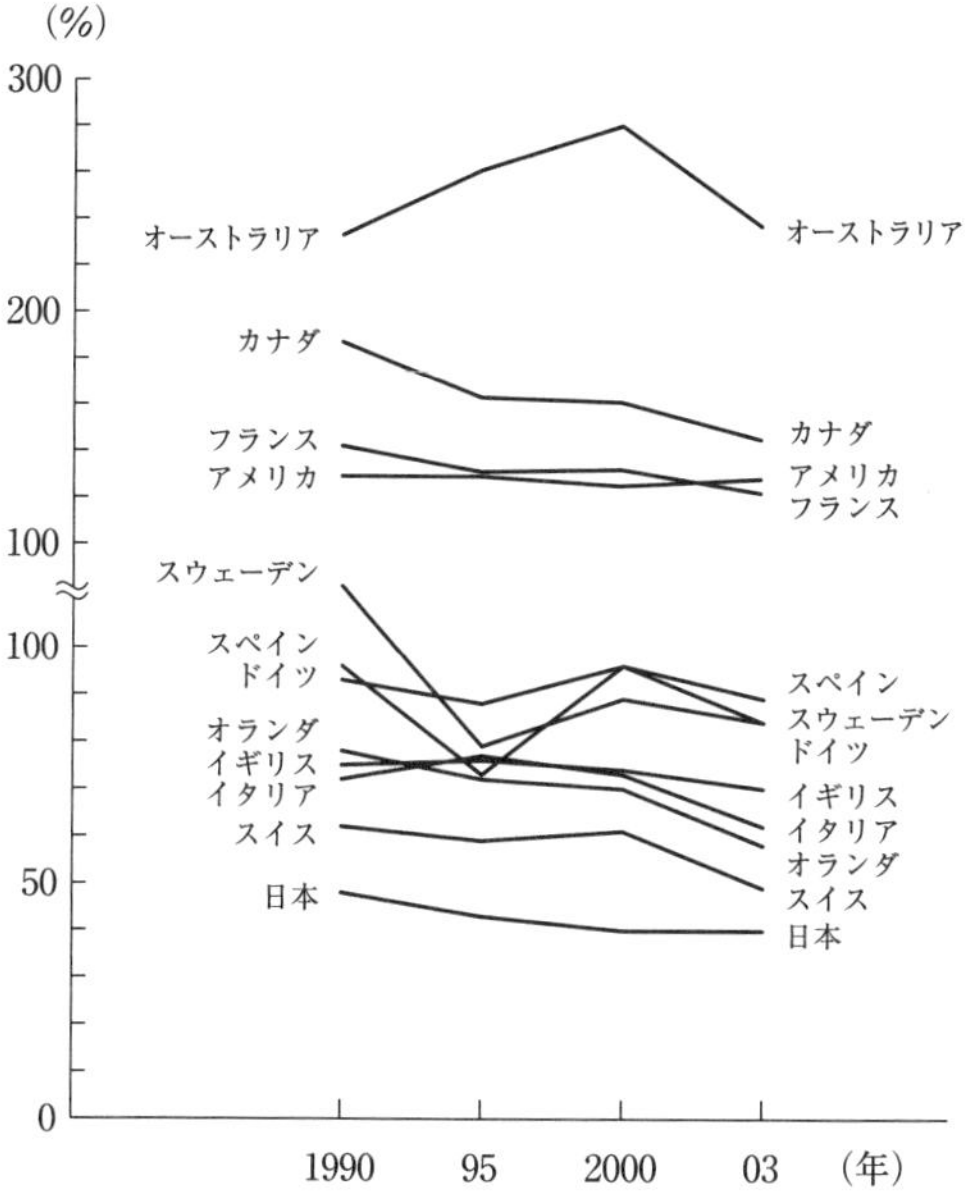

（資料）農林水産省「食料需給表」

産面では農業の大規模化を促す、などによってこの目標を達成したいとしているのですが、さてどうでしょうか。

恐ろしい試算があります。

「我が国が、すべての国に対し、すべての農産物及び農産物加工品・加工食品等の関税をはじめとする国際措置を撤廃する」としたら、国内農業はどうなるかについて、農林水産省が行ったものです（二〇〇七年二月）。

農業生産額は現状の八兆五〇〇〇億円が四兆九〇〇〇億円にほぼ半減する、小麦などは全滅する、牛肉、豚肉、生乳などは70〜90％生産が減少する（品質面で優位な一部国産品を除いて外国産に置き換わる）、米は、当初は外食・中食・加工用等が外国産に、最終的には一部のこだわり米への需要を除いてほとんどが外国産に置き換わる（現状二兆円強の国内生産が二〇〇〇億円ほどになる）、結果として、食料自給率は12％にまで低下する、というものです。

政府は目下、オーストラリアとＥＰＡ（経済連携協定）もしくはＦＴＡ（自由貿易協定）を結ぶべく交渉中です。その先は、アメリカ、中国なども予定しているようです。農水省が試算の前提とした「関税をはじめとする国境措置を撤廃する」方向へと動いているのです。EPAもしくはFTAの締結は、日本の工業製品の輸出の増加には大いに貢献するでしょうが、農業の受ける打撃は深刻です。

なにせ、オーストラリアの農用地面積は四億四七〇〇万ヘクタール、日本（五〇〇万ヘクタール）のおよそ九〇倍、農家の一戸当たり平均経営面積は三三八五ヘクタール、日本（一・八ヘクタール）の一八八〇倍です（農林水産省「食料・農業・農村の動向（二〇〇六年度）」による）。いかに日本農業の大規模化を進め、経営の効率化を図ったところで太刀打ちできる相手ではありません。対アメリカ、対カナダについて見ても同様です。

日本の食料自給率は、45％に上がる確率よりも12％に落ちる確率の方がはるかに高い、と見るべきでしょう。

農業には保護政策が必要

どう考えるべきでしょうか。

工業製品を売って、稼いだ金で農産物は買えばいい、という考えもあるでしょうが、私はそうは思いません。

第一に、不作の年、飢饉の年には、農産物輸出国にあっても自国での消費を優先させるでしょうから、いくらお金を用意しても買えない、ということになるでしょう。

第二に、食品の安全性という面では国内産が優ります。生鮮品などの長距離輸送には無理があり、農薬などの力に頼ることになります。目に見えない生産者の作ったものよりは、目に見える生産者の作物の方が安心でもあります。安全施策の面での政策が打ちやすい、ということもあります。

第三に、農産物だけでなく、それを生産する環境（田や畑、林や森など）も、生活にとっては重要なものです。食料自給率の低下はその生産環境の喪失、ということでもあります。そして、一度失われた環境は、取り戻すことがきわめて困難です、等々。

これらのことを考えますと、食料自給率の引き上げは必要なことであり、そのためには農業については、その将来をグローバル化の進展にはゆだねない、保護主義的政策を採る必要がある、と言えましょう。

農産物については、地元で生産可能なものについてはそれを消費することを第一とする、他に求めるものは、生産不可能なもの、生産量が足りないものに限ることとする、という原則を打ち出すのです。

具体的な手段は幾つかあります。輸入を制限する方法、関税率を高くして国内産品を守る方法、輸入価格と国産価格との差を補助金として生産農家に支給する方法、等々。いずれも、日本がこれまでに講じたことのある方法であり、多くの国が採っている方法でもあります。

自由貿易が原則の世界で、グローバル化が進展する下で、日本がそうした政策を採ることが許されるか、という疑問が生じるでしょうが、基本的には許される、と考えていいと思います。

第二次大戦後の、世界の貿易自由化は、もともと工業製品を対象に進められたものでした。それが農業分野に拡張されたのは、ＧＡＴＴ（関税及び貿易に関する一般協定。世界貿易機関＝ＷＴＯの前身）のウルグアイ・ラウンド（一九八六〜九四年、第八次多角的貿易交渉）以降、農産物輸出国であるアメリカの意向を強く反映してのことです。加えて主として問題とされたのは、農産物輸出に対する補助金です。

食料自給率は先進国中で最低、世界最大の農産物純輸入国でもある日本が、自国農業の保護のために採る政策は許されてもいいはずです。そして、日本が仮りにそのような政策を打ち出すとしたら、その政策は、多くの発展途上国はもとより、アメリカやヨーロッパの農民たちからも圧倒的に支持される可能性があります。グローバル化の下で、多くの被害を蒙っているのが、これらの国々、これらの人々なのですから。

第六話　国際競争力を大きく左右する為替相場、その現状には大いに問題があるという話。加えて、ドル暴落（大幅な円高）がありうる、という話

先に、国際競争力を決めるのは、商品の質と値段であり、値段について言えば、製造コストと為替相場が問題になる、という話をしました（第四話）。値段を決める二つの要素のうち、製造コストについては、国際競争力の観点からしばしば議論の対象とされますが（人件費コストの問題、税負担の問題等）、為替相場についてはあまり議論されることがありません。大半の製造業者にとっては、為替相場は与件としてあるものですから、議論しても仕方がないと思われているからでしょうか？

しかし、国際競争力に与える影響という点では、製造コスト変動の影響よりも為替相場

変化の影響の方がはるかに大きい、というのが現実です。為替相場は、瞬時のうちに10％近く動くことがありますが（例えば、一ドル一二〇円前後であった円の対ドル相場が、一ドル一一〇円前後に）、製造コストは、人件費は動いて一年に数％、税負担はゼロコンマの何％といった程度です。国際競争力強化のためにということでコストの削減を図っても、その努力は、一瞬の為替相場の変動で吹っ飛んでしまうという、空しい現実があります。

現状は大変な円安、輸出に追い風

円の対ドル相場の推移を見ましょう（図6−1）。一ドル三六〇円であった時代からスミソニアン会議（一九七一年）を経て二〇〇円台へ、さらにプラザ会議（一九八六年）を経て一〇〇円台へと、長い目で見れば円の対ドル相場は円高へと動いています。この間の日本商品の国際競争力の強まりを反映してのもの、と考えていいでしょう。

ただし、そうした円高への動きは、スミソニアン会議、プラザ会議という、各国通貨の対ドル相場を協調して引き上げようとする主要国会議の決定を受けてのものであった、と

図 6–1　円・ドル相場の推移

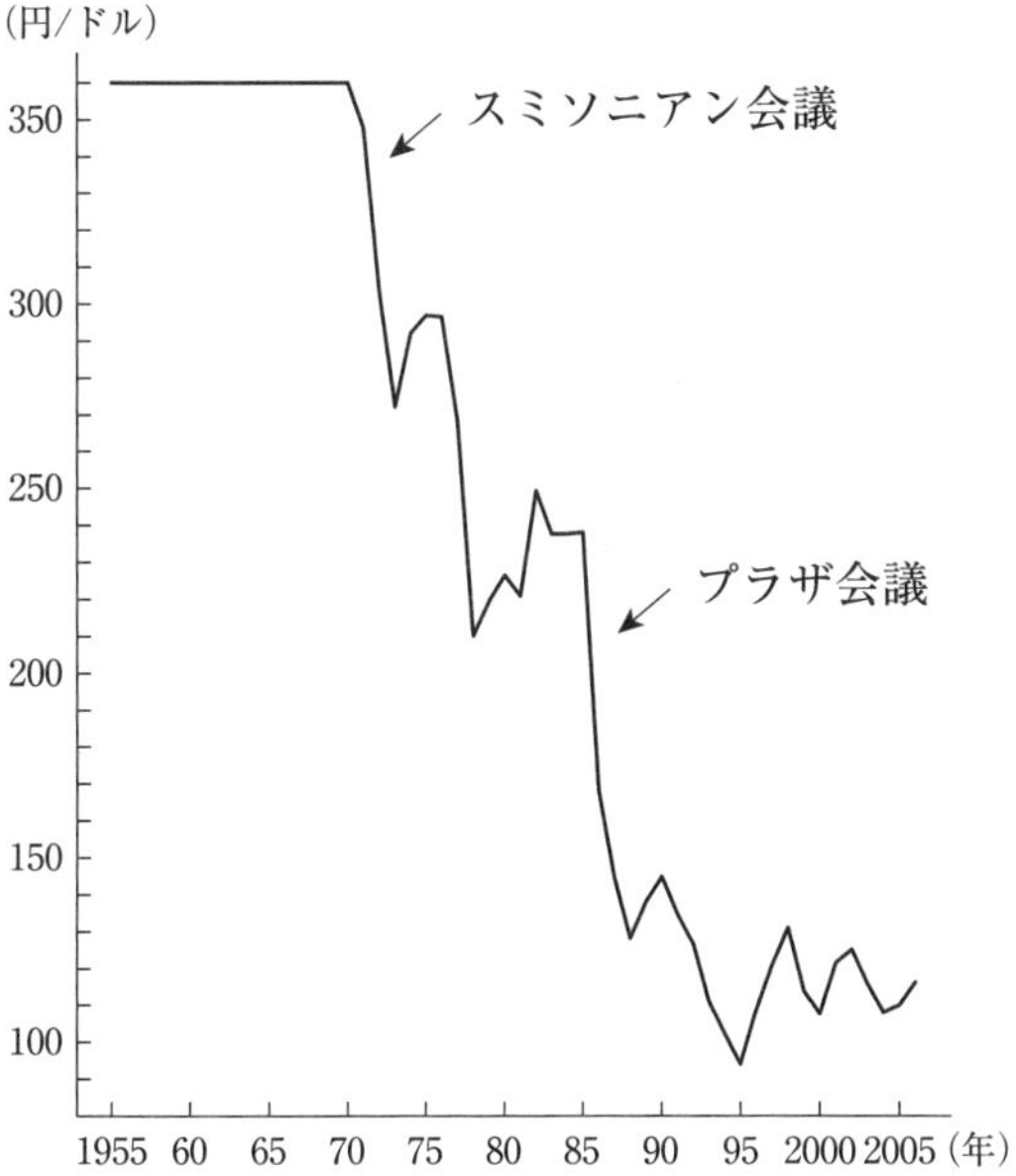

（注）各年の平均
（資料）内閣府「経済財政白書（2007 年版）」

いうことには注意が必要です。

為替相場は、各国の対外収支が均衡するように、各国の国際競争力の強弱を反映した水準に決まることが期待されていますが、現実には必ずしもそうなっていません。事実上の国際通貨であるドルにはともするとプレミアムがつき、その分、アメリカの国際競争力の水準を大きく上回るところでドル相場が決まる（ドルの過大評価）、そのため、主要諸国が協議してドル高の是正を図る必要が生じる、ということになっているのです。

ここ十年近く、円の対ドル相場は、一ドル一一〇円から一二〇円近辺で安定状態にあります。この相場は、日米の国際競争力の均衡状態が保たれているためにこうなっているかというと、必ずしもそうではありません。

プラザ会議後、円の対ドル相場が、一応、調整後の水準に落ち着いたとみられる一九九〇年前後を出発点として考えてみましょう。

当時の、円の対ドル相場はおよそ一三四円です（一九八八〜一九九二年の平均）。当時に比べ、日米の国際競争力がどう変わっているか、二〇〇六年の両国の物価（生産者物価）を当時と比べることによって見ましょう。日本は6％の下落、アメリカは37％の上昇です。これを考慮して、当時の一ドル一三四円は、二〇〇六年ではいくらになるかを計算してみますと、一ドル九二円となります（134×94／137）。——一ドル九二円であってもおかしくないものが、現実には一ドル一一六円（二〇〇六年の平均）になっている、日本の国際競争力はそれだけ強められている、ということです。

円相場が相当の円安水準になっていることは、「経済財政白書（二〇〇七年版）」も指摘しています。対ドルだけでなく、対ユーロその他、日本の主要輸出相手国との貿易ウェイト、さらには各々の国の物価上昇率を加味した「実質実効為替レート」で見ると、現状は、「一九八五年以来の円安水準となっている」というのです（図6−2）。

円高に向けての、三度目の大調整があってもおかしくない、ということです。

資本取引が為替相場を支配

為替相場が各国の対外収支を均衡させるような水準になぜ決まらないか——それは、貿易取引よりも資本取引のウェイトが圧倒的に大きいというところに原因があります。

モノやサービスの貿易取引だけですと、輸出超過の国では、手にした余分の外貨を売り

図6-2　実質実効為替レートの動向

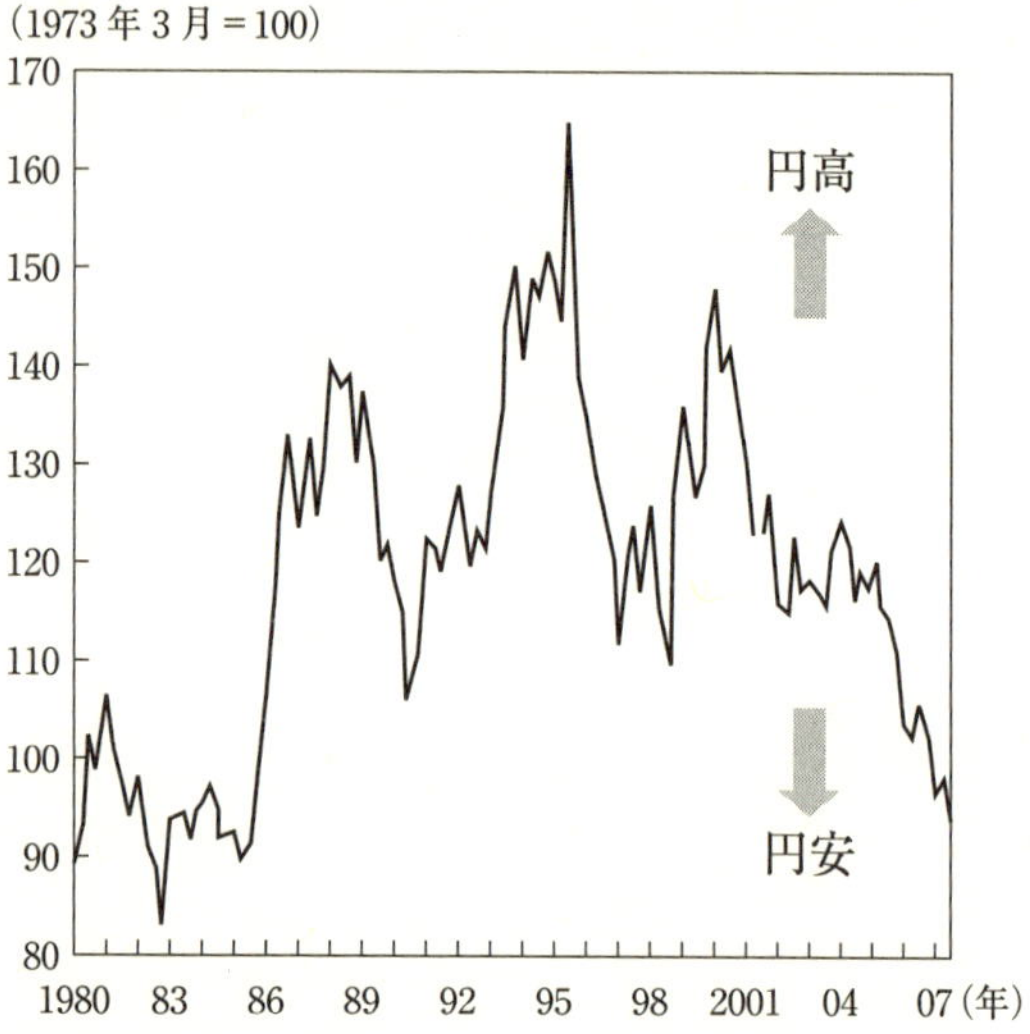

(出所) 内閣府「経済財政白書 (2007年版)」

自国通貨に換えますから、外国通貨の値下がりがあり、自国通貨の値上がりがあり、それが輸出を抑え輸入を増やして、おのずから貿易取引を均衡させる水準に為替相場が落ち着く、ということになります。

ところが、資本取引だとそうはなりません。資本取引は、大半が、より大きな収益を求めての取引ですから、少しでも金利の高い通貨へ、少しでも値上がりの見込める株式や債券に（その通貨に）、そして将来の値上がりの期待できる通貨へと資金は激しく動きます。しかも、その動きは予想とか期待に基づくところが大きいものですから、振幅が大きく、また、簡単に流れが変わったりもします。

そして、為替取引市場の現状を見ますと、圧倒的に資本取引のウェイトが大きいのです。

国際決済銀行（ＢＩＳ）の調査によりますと、二〇〇七年四月時点での世界の為替取引規模は一日平均三兆二〇〇〇億ドル、とのことです。世界貿易の規模は年間およそ一一兆ドルですから、それに伴う為替取引の額は一日平均にして三〇〇億ドル、為替取引全体の一％、ということになります。

資本の動きが為替相場の水準を決めていると見るゆえんです。円の対ドル相場が、あるいは他国通貨の大半に対する相場がかなりの円安水準にあることを先に見ましたが、その背景には、資本取引にとって円の魅力が乏しい、何よりも大変な低金利である、ということがあると見ていいでしょう。

資本取引が為替相場を決める、そこで決まった為替相場が商品の国際競争力を左右する

――こうした現実は、貿易関係者にとっては困ったこと、迷惑なことを通り越して有害なことですらあります。資本取引の場という、いわば賭場で決まった相場を、そのまま堅気の商取引の場に持ち込む、という話なのですから。大きく言えば、望ましい国際分業の姿からはずれた姿へと世界経済を導くものでもあるのですから（この点については、次の第七話でもう少し具体的に見ましょう）。

何とかする必要がある、ということで具体的に提案した学者がいます。アメリカを代表する学者であった、トービン・イェール大学教授です。

トービン・タックスと呼ばれるその提案は、為替の取引にわずかな率の取引税をかけることにしよう、という提案です。これによって、わずかな利鞘を求めて頻繁に動く大量の資本取引は、コスト高となり、抑えられる、一方で、貿易取引や、資本取引でも長期の投資資金の動きは、さほど影響を受けないですむ。従って、為替相場はより実需に基づいたものになり、変動も小幅になる、というのです。

的を得た策であり、貿易関係者にとっては歓迎すべき提案だと思われるのですが、資本取引で糧を得ている金融機関、とりわけ、ニューヨーク・ウォール街（多くの証券会社が

図 6-3　膨張するアメリカの経常収支赤字と対外純債務

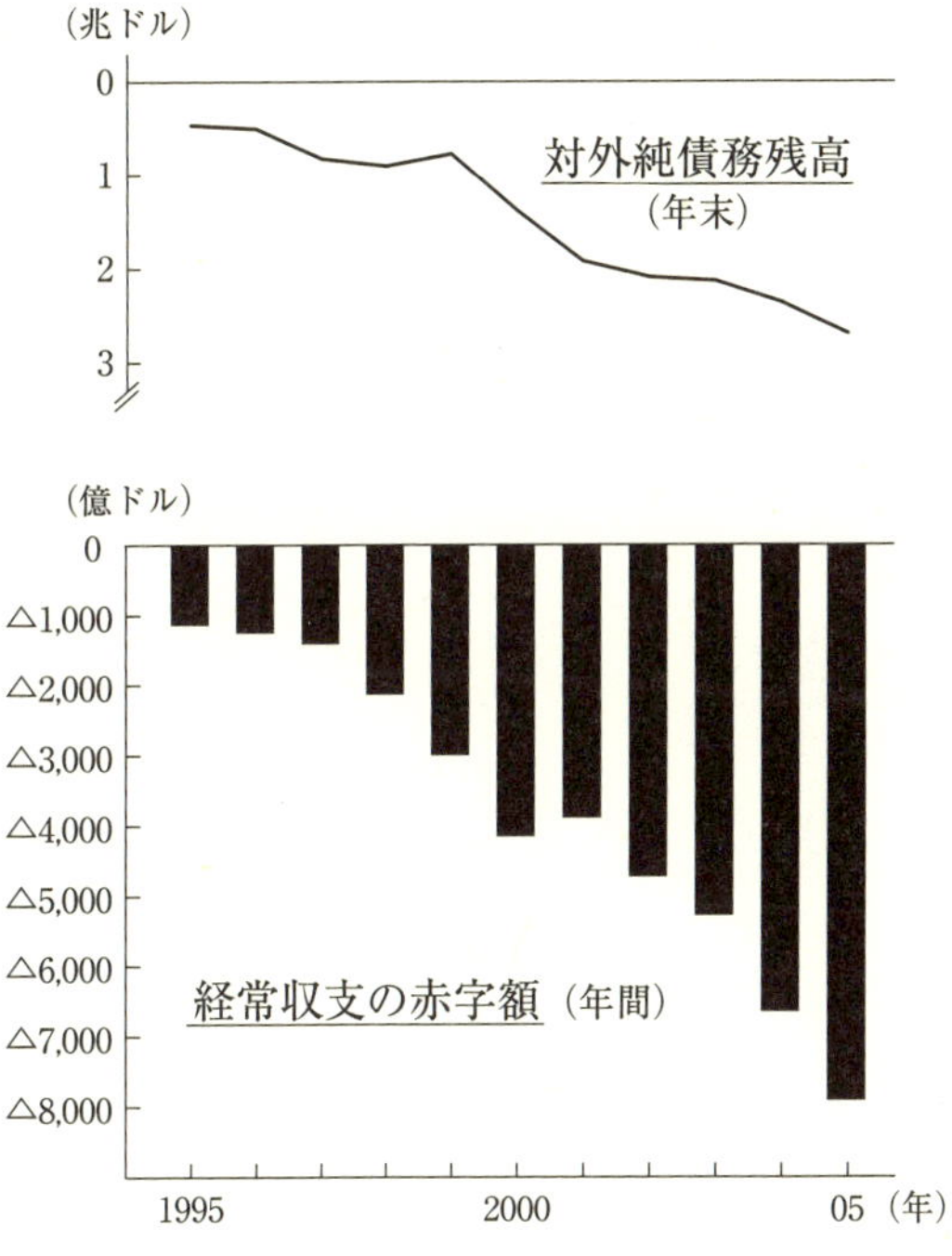

(資料) 経済諮問委員会「大統領経済報告」

本社を置く地域）の影響力の強いアメリカ政府の賛成を得られず、今日まで実現されていません。

為替市場の現実は変わらず、その下で、アメリカの対外収支の赤字は年々膨張し（図6－3）、アメリカの純対外債務が二兆七〇〇〇億ドル（約三〇〇兆円、二〇〇五年末）に達するなどの不均衡が高まっています。

近い将来、三度び主要国が会しての、ドル安調整か、市場の懸念が高まってのドル暴落がおこりうる、と見ておいた方がいいでしょう。

グローバル化の、不安定な一側面です。

第七話　世界を混乱させるお金の話。あわせて、グローバルスタンダード実はアメリカンスタンダード、という話

経済のグローバル化は、ヒト、モノ、カネの三面から捉えることができます。

このうち、ヒト（労働力）のグローバル化は、もともと移民国家であるアメリカ、EUの域内統合があり、また旧植民地国からの移入などもあるヨーロッパでは大いに進んでいますが、日本では、現状のところさほど進んではいません。今後は、少子化による労働力減少などもあり、避けて通れない検討課題となるでしょうが、とりあえず、本書では話の対象外としましょう。

モノ（商品）のグローバル化については、第三話以下で取り上げました。あとはカネ

（資本）のグローバル化についてです。

世界を震撼させたサブプライム問題

資本のグローバル化に関連しては、二〇〇七年の「サブプライム問題」が世界経済を揺さぶりました。

「サブプライム問題」とは、サブプライムローン、すなわち、アメリカの低所得者向け高金利住宅ローンの焦げ付きの増大に端を発した問題です。

二〇〇〇年代の前半、アメリカは住宅ブームでした。住宅建設が活発化し、住宅価格の大幅値上がりが続きました。そこに目を付けたのがアメリカの金融機関です。低所得者向けの高金利住宅ローンの貸付けを積極的に行いました。低所得であっても、高金利であっても、住宅価格が上昇するから返済に懸念はない、というわけです。何やら日本のバブル期に似ています。

ところが、二〇〇六年半ばに至って住宅ブームは終息、住宅価格の値上がりは止まり、下落する地域も出てきます。住宅ローンは返済されず、焦げ付きが増えてきます。これも日本のバブル破裂時に似ています。

日本の時と状況が違ってくるのはそれから先です。住宅ローンを貸付けた金融機関は、その債権の多くを証券会社に売却、証券会社はその債権を担保に証券を発行、その証券や他の証券を組み込んだ証券、あるいはそれで組成したファンドを世界中の金融機関や投資家に販売していたのです。

かくして、サブプライムローンの焦げ付きの被害は、アメリカのみならず、ヨーロッパや日本にも飛び火、各地で被害が発生、信用不安も発生ということになりました。イギリスでは、金融機関の倒産を恐れた預金者が預金引出しに走り、その波が波及し拡大することを恐れた政府が預金の全額保護を宣言する、日本では、日本銀行が（予定していたであろう）金利の引き上げを見送る、などということも生じました。

このサブプライム問題は、資本のグローバル化の現実の姿を人々の目に明らかにしてくれました。

一つは、低所得者が支払う高金利の借入利息、という果実に、世界中の（といってももっぱら先進国の、ですが）投資家が蟻のように群がってその蜜を吸おうとしていた、という資本のグローバル化のおぞましい側面です。先進国の知恵者、エリートたちが、その仕組み作りに工夫を凝らしていた、そちらのおぞましい側面にも注目しておくべきだと思われます。

いま一つは、アメリカで生じた住宅ブームの終焉の影響が、またたく間に世界中に及び、世界経済の混乱をすら引き起こしてしまうという、資本のグローバル化のおそろしい側面です。

アジア通貨危機、そしてロシア金融危機

資本のグローバル化にともなうおそろしい側面は、今からおよそ十年前、一九九七年のアジア通貨危機や、九八年のロシア金融危機などの形で過去にも何度か表面化しています。

アジアの通貨危機は一九九七年のタイからの投資資金の引き揚げに始まりました。危機発生の直前まで、タイのみならず、東アジア諸国へは成長経済への期待ということで海外から多くの資金が流れ込んでいました。それが、いささかバブルの気配があるということでタイの政策当局が金融引き締め政策をとり、バブルを抑えにかかったところで資金の流出が始まったのです。

資金の流出は、タイの通貨（バーツ）を売り、外貨（ドルなど）に換えて、という形をとります。タイの中央銀行はドル売り・バーツ買いの市場介入によってバーツの相場を支えようとしましたが支え切れず、介入をあきらめ（九七年七月）、これをきっかけにバーツは暴落を始めました。そして、ことはタイに止まらず、通貨危機は近隣のアジア諸国や諸地域、韓国、台湾、香港、マレーシア、シンガポール、フィリピン、インドネシアなどに飛び火しました。

結局のところ、タイ・バーツ、韓国・ウォン、インドネシア・ルピアなどは50％前後、マレーシア・リンキ、フィリピン・ペソは35％、台湾ドルとシンガポール・ドルは15％の切り下げとなり、これらの国々は深刻な経済危機に陥りました。その混乱の中で、インドネシアでは政変が起こったりもしました。

こうした危機は何により生じたのか、当初は、各国経済の側にその原因を求める見方が有力でした。為替政策が柔軟性を欠いていた、金融システムが脆弱であった、産業構造に歪みがあった、政治体制に問題があった、等々です。

確かに、各国にそれぞれ、色々と問題があったことは事実ですが、その問題は、各国に資金が流入していた時からすでに存在し、認識もされていた問題です。要するに、問題はあったけれども大量の資金が流入していた、それが、ささやかなきっかけ（タイ以外の国にとっては、タイから資金の流出が始まった、というだけのきっかけです）で流出に転じたグローバル資本の気ままな動きに危機の原因を求めるべきでしょう。

同様のことは、一九九八年のロシア金融危機についても言えます。もともと、巨額の財政資金を高金利の国債発行でまかなおうとしたロシア政府の政策に問題があった、にもかかわらず、海外資金が高金利につられてロシア国債をどんどん買った、そして、ある時売りに転じて、ロシア経済を混乱に陥れ、一方で、巨額の損失を蒙る投資ファンドが出て、アメリカの中央銀行がその救済に乗り出すという事態にまで至った、ということです。

資本のグローバル化は、このように、いつ世界経済を大混乱に陥らせるかわからないほどに進んでいますが、危機の発生をいかに防止するか、そのための有効な策の方はいまだに講じられていません。

制度のグローバライゼーション？

資本のグローバル化に関して、いま一つ見逃せないのは、資本がより自由に動けるように、いわば、資本のグローバル化を一段と進めるように、とする制度改革が、各国で進められていることです。

日本についていえば、グローバルスタンダードに、ということで進められている、金融制度や会計制度、また会社制度などの改変がそれです。

例えば、一九九六年十一月に、当時の橋本首相によって提唱された金融システム改革（金融ビッグバン）がそれです。その合言葉は、「フリー、フェア、グローバル」でした。「日本の金融市場を国際的な基準に合った市場にしよう」という呼びかけが行われました。その改革の先駆けと位置づけられたのが、海外との資本取引を原則自由とするという、外為法の改正でした。それまでの「外国為替及び外国貿易管理法」から管理の二文字を取り去って、「外国為替及び外国貿易法」とするという改正でした。続けて、金融商品の自由化、金融業務の自由化など、国内制度の改革が行われます。

会社制度や会計制度の改正などをあわせてこれを見ますと、要は、海外の資本が日本に入ってきやすくする、そのための態勢づくりが制度改変の大きなねらいであったことをうかがわせます。

また、グローバルスタンダードといいますが、制度改変の多くはアメリカの制度にあわせたものであった、ということも見えてきます。

グローバル化といいますと、一国の外で、一国や一国民の意思を超えたところで、自然現象のように進んでいるものと、ともすれば受け取られがちですが、一国民はともかく、一国としてはそれに係わっている、日本政府自体が国内制度の改変を通して、自ら、グローバル化を進行させる担い手となっている、という面もあることをしっかりと見ておく必要があるでしょう。

第二章

「構造改革」をめぐる神話

第八話　「構造改革」の思想と政策は一九九〇年代の長期不況が生んだ鬼っ子である、という話

まず、標題の「構造改革」に、なぜカギカッコ「　」を付けているのか、というあたりから話を始めましょう。

これは、例えば、会社の社長さんが、「この会社をいい会社にします」と発言したと仮定すれば分かりやすいでしょう。社長さんが会社の株主を前にこう発言したとすれば、その発言を聞いた株主の多くは、「利益があがり、株価のあがる、配当も多くできる」会社にすると社長さんが発言した、と受け止めるでしょう。そうではなくて、社長さんが従業員を前にこう発言したのだとすれば、従業員の多くは、「働く人を大切にする、楽しく働

ける」会社にすると社長さんが発言した、と解釈するでしょう。同じ、いい会社という発言でも、その発言を受け止める人によって、いい会社のイメージはさまざまです。社長さんは、どういう会社がいい会社だと思い、自らの会社をどういう会社にしようとしているのでしょうか。その真意を確かめない限り、「いい会社」発言の評価も定めがたいところがあります。

構造改革という言葉も同様です。人によってさまざまな構造改革の姿を思い浮かべることができます。構造改革を唱えている人が何をどう変えることを構造改革と言っているのか、その真意を捉えないことには、その主張の評価も批判もできません。

そこで、小泉内閣が使い続けてきた構造改革を「構造改革」と表記して、その真意を探り、一般的な、内容のあいまいな構造改革という言葉と区別して、考えていこうというわけです。

長期不況を背景に登場

小泉内閣の言う構造改革（以下、「構造改革」）という考え方が出てきたのは、一九九〇年代半ば、日本経済が、バブル破裂以降の深刻な景気の落ち込みからなかなか回復できず、低迷が続いている中で、でした。なぜ、不景気が長く続いているのか、なぜ低迷状態から脱出できないのか――その状況を巡る議論の中から、「日本経済の構造が悪いからだ」「構造を変えない限り景気は良くならない」という考え方、「構造改革」の主張が出てきたのです。

本当にそうなのか、については当時から論争がありましたし、今もあります。

ちなみに、私は「構造改革」の考え方はまちがっていた、と思っています。バブル破裂後、日本経済が深刻な不景気に落ち込んだのは、バブルの好景気の反動である、前の景気があまりに良すぎたからその反動で不景気が深刻になったのだ（いわば、食べ過ぎ飲み過ぎで、食欲なし、二日酔いとなったのだ）、加えて、株価や地価の大幅な下落があって、それが不景気を増幅させてもいたし、長引かせていた、そう解釈しています。ですから、時間さえ経てば、景気は良くなるのだ、と見ていました――ちなみに、経済の実質成長率の推移を見ますと、一九九三年の0％の水準から九四年の1％台へ、九五年の2％へ、そして九六年の3％へと、徐々にではありますが成長率は年々高まっています。「景気回復には構造改革が必要だ」と主張されていたちょうどその頃、景気はすでに回復に向かっていたのです（図8−1）。

企業が儲かるような経済構造へ

ともあれ、「構造改革」の主張を見ましょう。「構造改革」は、日本経済のどんな構造に問題があり、そこをどう改革すれば景気が良くなると見ていたのか、という問題です。「構造改革」を唱える論者が一様に主張していたことは、日本経済の「サプライサイドの構造」が良くない、ということです。「サプライサイド」、すなわち、モノとかサービスを提供する側、要するに企業サイドです。

企業サイドの構造が悪い、企業が活力（やる気）を失っている、やる気を失って商売を増やそうとしない、設備を新しくすることもしない、新製品やサービスの開発もなおざりにしている、だから日本経済は良くならないのだ、これが「構造改革」論者の、当時の日本経済についての認識でした。

そして、「構造改革」論者はさらに論を進めます。

図8-1 「構造改革」がなくても、景気は回復しつつあった

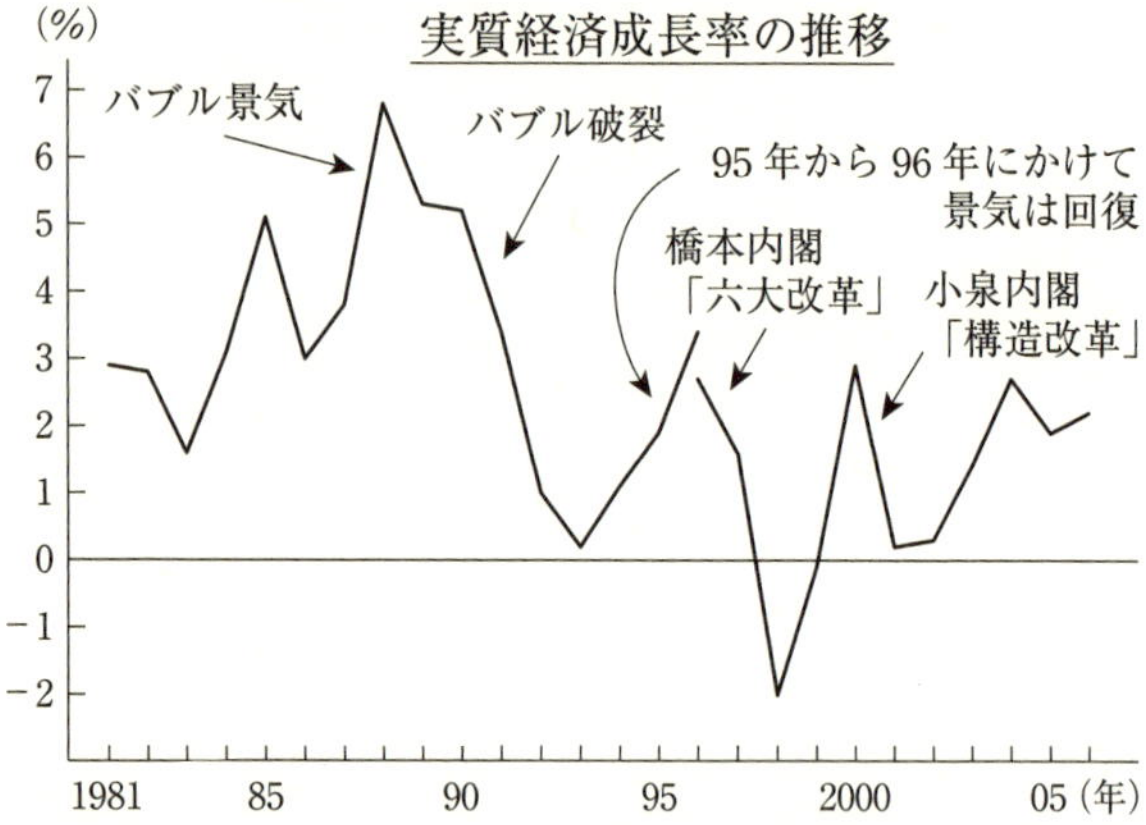

（注）1981〜1996は、1968SNAによる（1990年基準）、
1996〜2006は、1993SNAによる（1995年基準）の統計
（資料）内閣府「国民経済計算」

企業がやる気を失っているのは、商売してもあまり儲からないからだ、商売して儲かるようになれば、企業は活力を取り戻し、商売を増やし、新規の設備投資を行い、新製品の開発などにも力を注ぐだろう、そうすると日本経済は力強くなる、景気が良くなる——これが、きわめて大把みに、かつ、いささか乱暴にですが要約した「構造改革」の考え方です。

すなわち「構造改革」とは、「企業が儲かるような経済構造へと、日本経済を変えよう」という主張、

「そうすれば日本経済は活力を取り戻す、景気も良くなる」という主張なのでした。

規制緩和と「小さな政府」

こうした「構造改革」の主張は、すぐ後（第九話）で見ますように、財界からも、アメリカからも支持を受け、実際の経済政策として展開されるようになりました。すなわち、橋本内閣（一九九六年誕生）の「六大改革」（行政改革、経済構造改革、金融システム改革、社会保障制度改革、財政構造改革、教育改革）であり、小泉内閣（二〇〇一年誕生）の「構造改革」であり、続く安倍内閣（二〇〇六年誕生）の「構造改革」です。

「構造改革」の具体的な政策とはどのようなものでしょうか。橋本内閣の「六大改革」、小泉・安倍内閣の「構造改革」に共通している大きな政策の柱が二つあります。一つは、規制緩和政策であり、いま一つは、「小さな政府」を目指す政策です。

まず、規制緩和政策についてです。

企業が儲かるような経済構造にするためには、企業の手足を縛らないほうがよろしい、企業に自由に活動してもらう方がよろしい、そのためには、まず何よりも規制緩和が必要である、というのが「構造改革」の考え方です。規制緩和は、規制をクリアするためにかけている企業のコストを削減するだろう、とりわけ労働に関する規制緩和は企業の人件費コストを減らすだろう、その分、企業は儲かるようになる、加えて、参入規制などを緩和すれば、企業間の競争が活発になり、儲ける力の弱い企業は淘汰され、儲ける力の強い企業が生き残るから、全体としての企業の儲けは大きくなる、というわけです。

橋本内閣の「六大改革」のうち、金融システム改革は、金融分野においての大掛かりな規制緩和政策でした。経済構造改革においても、教育改革においても、規制緩和が政策の大きな柱とされていました。

小泉内閣の「構造改革」では、「民営化・規制改革プログラム」が「構造改革のための七つの改革プログラム」の冒頭に据えられ、「規制を極力撤廃し、自由な経済活動の範囲をできる限り広げる」とその方針が唱われています（「経済財政運営と構造改革に関する基本方針」二〇〇一年六月）。具体的には、NTTのあり方、医療、労働、教育、環境等の分野の規制緩和が特記されています。

また、橋本内閣、小泉内閣ともに、労働者派遣法の規制緩和を行うなど、労働の規制緩和に精力的に取り組みました。

次に、「小さな政府」を目指す政策については、①政府のやっている仕事を民間に移すこと（民営化、民間委託など）によって民間企業の儲けの場を増やす、②社会保障制度のスリム化などを行い、民間企業の税・社会保険料などの負担を軽くする（少なくとも重くしない）、③政府の仕事を縮小させることによって民間企業の活動の場を広げる（医療保険の縮小による、民間保険会社の業務分野の拡大など）ことを狙いとするものです。

橋本内閣の「六大改革」のうち、社会保障制度改革や財政構造改革はもっぱらこの狙いに立つものと言えましょう。小泉内閣の「構造改革」がそのプログラムの冒頭に「民営化」を置いたことは先に見た通りで、このプログラムに沿って、小泉内閣は道路公団の民営化や郵政公社の民営化などを実施し、また「市場化プログラム」のもと、広汎な政府業務の民間委託への道を開きました。加えて、年金、医療、介護などの公的給付を縮小する――社会保障制度のスリム化も積極的に実施しました。

こうして、「構造改革」は、橋本内閣のもとでおよそ二年半、小泉内閣のもとでおよそ五年半、そして安倍内閣のもとで一年と、実際の政策として実施され続けてきました。

第九話　「構造改革」は、経済界（とりわけ、財界）、そしてアメリカから大歓迎される政策であった、という話

一九九〇年代半ばに登場してきた「構造改革」の考え方――日本経済を低迷から救い出す方策としては正鵠を射ていたとは言えないその考え方――が、橋本内閣で、そして小泉内閣で、どうして政策として採用されることになったのでしょうか。

橋本内閣の「六大改革」については、時代の空気、というものがあったように思われます。バブル景気、とくにそれを支えた株価、地価の上昇からして異常でした。その後の長期の不景気は、それ以上に、戦後日本経済にあってはきわめて異常でした。そうした異常続きの背景には、何かしら構造上の問題があるに違いないと多くの人が思い込んでしまっ

ていて、あるいは思い込まされてしまっていて、それで「改革」を歓迎した、ということがあったと思われます。

小泉内閣の「構造改革」時には、そうした異常に、さらに大きな異常が重なります。一九九七、九八年の大不況、そして金融危機の発生、不良債権問題の深刻化などです。「改革」を待ち望む声はさらに高まった、そこに、小泉首相の個人的人望が重なりました。「構造改革」政策が、「改革」と名づけられている、もっぱらそれだけの理由で、広く受け入れられるような空気があった、と言えましょう。

しかし、「構造改革」政策を支えたのは、そうした空気だけではありません。現実の問題として、その政策が、経済界（とりわけ財界）の歓迎するものであった、そして、アメリカ政府からもまた歓迎されるものであった、ということが、長期にわたって政策が実施された（現在もなお推進されようとしている）背景にあると思われます。

「構造改革」は「経団連ビジョン」の実現

まず、経済界の支持についてです。

「構造改革」が、「企業が儲かるような経済構造に日本経済を改革していこう」という政策であると見ますと、経済界から双手を挙げて歓迎されるのは、当然と言えば当然です。いや、そればかりではありません。「構造改革」の具体的な政策は、当時の財界の期待する政策そのものでもあったのです。

一九九六年一月に、経団連（日経連と統合する前の、旧経団連）が発表した「魅力ある日本――創造への責任」と題するビジョン（当時の会長の名を冠して「豊田ビジョン」）なるものがあります。財界の総意を示したとみられるその「豊田ビジョン」は、戦後の社会・経済構造全体の改革が必要であることを主張しているのですが、そのための具体策（「新日本創造プログラム２０１０（アクション21）」）十項目の第一に「規制の撤廃」が、第二に「透明で小さく効率的な政府を実現する」ことが掲げられているのです。

「構造改革」政策の具体策そのものです。

というよりも、こうした財界の期待があって、それを受け止める形で橋本内閣の「構造改革」政策が展開された、と見ていいでしょう。

財界と「構造改革」政策との関係は、小泉内閣の下で一段と深まります。小泉内閣の下で「改革の司令塔」に位置づけられた経済財政諮問会議、その会議のメンバーの民間委員四人のうち二人を財界から送り出すことになったからです（奥田経団連会長と牛尾元経済同友会代表幹事。あと二人は学者。学者の一人は本間正明大阪大学教授で、明らかに財界寄り）。

財界の意向を受けた民間委員がさまざまな「改革」を諮問会議で提案する、それを受けて諮問会議（取りまとめ役は、長らく竹中平蔵経済財政政策担当大臣でした）が方針を決める、その方針がそのまま閣議決定されて「改革」政策が実施される、そういうルートができ上ったのです。

この間に実施された「改革」は経済界にどう受け止められたのでしょう。それはもう聞くだけ野暮というものですが、念のため、内閣府が二〇〇六年に行ったアンケート調査の結果を見ましょう（図9－1）。

企業統治、法人課税、会計制度等、六項目についてのアンケートですが、制度改正による影響はプラスという見方が多数（マイナスという見方はほとんどなし）、制度改正の評価については、「おおむね妥当」と「方向性はよいが不十分」という回答が80％以上を占

図 9–1　企業アンケート調査の結果

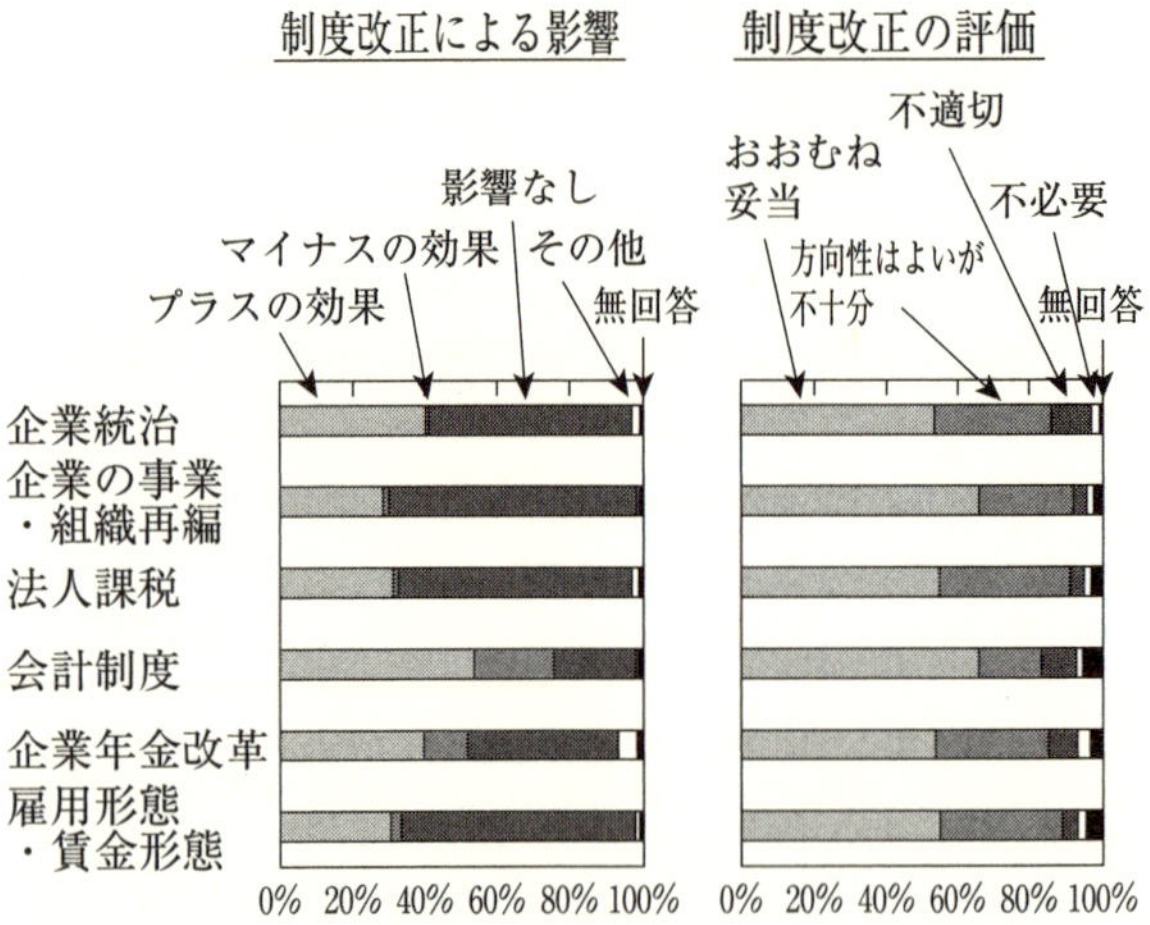

（注）内閣府「企業統治・財務・雇用に関するアンケート（2006）」による
（出所）内閣府「経済財政白書（2006 年版）」

めています。

経済界、とりわけ財界にとっては、「構造改革」万々歳であったと言っても言い過ぎではありません。

「構造改革」はアメリカの「年次改革要望書」の実現

アメリカ政府から毎年「年次改革要望書」が日本政府に提示されています。日本政府はそれに沿って「改革」を実施しています。このことは、今日かなり広く知られるようになっていることです。

そもそもは、一九九三年の宮沢首相とクリントン大統領の首脳会談で決められたものですが、小泉内閣もその方針を受け継ぎ、二〇〇一年に、ブッシュ大統領との間で「規制改革および競争政策イニシアティブ」を立ち上げました。

その合意に基づいて、毎年、アメリカ政府から「年次改革要望書」が日本政府に提示されています。小泉内閣になってから目立つのは「構造改革」に対する高い評価です。

「米国は、日本の規制改革に対する継続的な取り組みと、『機敏かつ迅速』に規制改革を実施し、『改革なくして成長なし』の原則を堅持するとの小泉総理の力強い発言に勇気づけられている」（二〇〇一年）を始めとする米国政府の、毎年の「改革」への評価、そして期待を、念のために一覧表にしておきました（表9−1）。

「年次改革要望書」は、邦訳版で毎年A4五〇〇ページ内外に及ぶ膨大なものです。

要望項目もきわめて多岐にわたります。例えば二〇〇六年のものを見ますと、電気通信、情報技術、医療機器・医薬品、金融サービス、流通など、それに、民営化、競争政策、また、司法制度改革や政府慣行など十項目に及びます。一見して、アメリカの競争力

○米国は、小泉総理大臣の日本経済改革に向けた継続的取り組みを歓迎する。……米国はまた、規制と構造改革を強力かつ効果的に提唱してきた規制改革・民間開放推進本部と構造改革特別推進本部のすばらしい取り組みを評価する。（2005年）

○米国は、日本の経済改革を推進するとした安倍総理大臣の決意を歓迎する。……また、米国は日本国内の改革推進者の取り組みを心強く思うとともに、今後数か月、数年にわたりこれらの活動が活発化することを期待する。（2006年）

○（日本政府の姿勢については特段のコメントなし）（2007年）

表9-1　アメリカ政府に評価され続けた「構造改革」
――「年次改革要望書」から――

○米国は、日本の規制改革に対する継続的な取り組みと、「機敏かつ迅速」に規制改革を実施し、「改革なくして成長なし」の原則を堅持するとの小泉総理の力強い発言に勇気づけられている。(2001年)

○米国は、日本が意味ある経済改革を達成するために努力を継続していることを歓迎し、小泉総理大臣が国会で表明した「聖域なき構造改革」を断行するとの公約や、「あらゆる分野において規制改革を大胆に進める」との決意に勇気づけられている。(2002年)

○米国は、日本が有意義な経済改革を達成するための努力を継続していることを歓迎し、本年9月22日に小泉総理大臣が、新内閣は「引き続き規制改革に力を注ぐ」とともに、「改革なくして成長なし」という政策を堅持するとの表明をしたことを心強く感じる。(2003年)

○米国は、小泉総理大臣の思い切った経済改革の課題を強く支持しており、……また、2004年10月12日に小泉総理大臣が国会における所信表明の中で、「構造改革なくして日本の再生と発展はない」ことを再確認し、日本が意義ある経済改革を達成する努力を継続していることを歓迎する。(2004年)

の勝っている分野に規制緩和の要望が集中していることが分かります。

この主要項目に、それぞれについての要望事項の細目（きわめて具体的な事項）がついています。その数、ざっと数えたところ、電気通信でおよそ三五項目、情報技術でおよそ五〇項目、医療機器・医薬品でおよそ五五項目、といった具合です。

その要望のほとんど全てが、（当然ですが）アメリカ企業の日本への進出を行いやすくするための改革を期待するものといっていいでしょう。「米国は、日本政府とその諮問機関に対して、医療制度の改正を行う前に、米国業界を含む業界からの意見を十分に考慮するよう求める」などといった、明らさまな要望も明記されています。

もちろん、毎年の「改革要望書」は要望しっ放し、ということではありません。毎年、日米両首脳へ、「進展」の概要を説明するための「報告書」を提出することになっています。

二〇〇七年の報告書を見ますと、「携帯電話番号のポータビリティー制度を導入した」「映画館での映画の録音・録画を禁止する法律を制定した」「医薬品開発から承認までの期間を二・五年削減する目標を設けた」「審査担当員を増員し、新薬承認手続きの迅速化を図ろうとしている」「輸入レタスの検疫規制を緩和した」「外国株式を用いた三角合併を可能にする法規定を施行した」「都市計画に関する新しい法のもとでも、大規模小売店舗というビジネスモデルを制限することがないよう、同法令の施行後にその影響を評価することを約束した」等々、大小さまざま、広範囲に及ぶ「改革」事項が評価され、報告されています。

アメリカ政府から「年次要望書」が出されると、数百に及ぶその要望事項の一つ一つについて担当省庁が定められ、省庁ごとの要望事項のリストが作られ、各省庁ではその一つ一つについて施策を講じ、担当する要望事項全てについての実施状況をとりまとめて、しかるべき部署（内閣府？）に報告する、といった風景が目に浮かびます。毎年、毎年、つごう十三年に及ぶその作業の繰り返し……。

こうして、「構造改革」は、アメリカの強い支持（というよりも「要望」、もう少しはっきり言えば、圧力）のもとに実施されてきた、ということでもあります。

ここで、疑問が一つあります。日本の経済界の期待とアメリカ政府の「要望」、その両者が衝突した場合はどうなったのか、ということです。幸か不幸か、資料で振り返って見る限り、両者の期待が衝突した痕跡は全く見受けられません。

アメリカ政府の陰にある日本に進出しようとする企業群と、日本の経済界を代表する財界を支える企業群、これをともに大企業として捉えれば同じ穴の狢《むじな》、狙いとするところは同じ、基本のところでの対立などほとんどない、ということなのでしょう。国境、国籍を超えるというグローバル化の本質が、ここからもうかがえるようです。

第十話　「構造改革」が不況をもたらした、現在も景気回復の足を引っ張っている、という話

景気を良くするためには経済の構造改革が必要だとして始められた「構造改革」、小泉首相が何度も力強く「構造改革なくして景気の回復なし」と宣言して推進し続けた「構造改革」、その「構造改革」が日本の景気を悪くした。そして、現在も日本の景気回復の足を引っ張っている、という現実があります。

信じられない、と思われるかもしれませんが、事実を追っていきましょう。

「改革」がもたらした九七年不況

第八話の図8―1をご覧ください。

橋本内閣の「六大改革」が開始される直前、日本経済はバブル破裂後の不況から立ち直ろうとしていました。一九九五、九六年の経済成長率の高まりにその姿を見ることができます。ところが、九七年に入って成長率は落ち込み九八年はマイナス成長になります。九八年の実質成長率はマイナス2％、第一次石油ショック時の一九七四年（マイナス1.2％）に次ぐ、戦後二度目のマイナス成長ですが、マイナスの幅は七四年以上、戦後最大のマイナス成長です。続く九九年もマイナス成長（マイナス0.1％）で、マイナス成長が二年続いたのも戦後初めてのことです。

どうしてこんなに景気が悪くなったのでしょうか？　一九九六年から九七年にかけて展開された橋本内閣の「六大改革」に原因があったと私は見ます。

「六大改革」のうち、「財政構造改革」「社会保障制度改革」などで、橋本内閣はおよそ九兆円と言われる負担を国民に押しつけました。消費税率の引き上げ、特別減税の廃止、医療費患者負担率の引き上げ（一割から二割へ）などの政策を通じてです。同時に、およそ三兆円の公共投資の削減も行いました。あわせて一二兆円の需要切り詰め政策を採った、ということです。一二兆円という数字は、当時の国内総生産（ＧＤＰ）およそ五〇〇兆円の2.4％に当たります。一九九六年の成長率は、名目、実質ともに２％台です。景気を悪くするのに十分な政策だった、と言えるでしょう。

一九九七年夏に生じたアジアの通貨危機、そして秋からの金融危機が九七年春からの景気の落ち込みに拍車をかけます。アジアの通貨危機の発生とそれによる輸出の大幅な落ち込みは「構造改革」とは関係の薄いことですが、大手銀行や大手証券会社の経営破綻といった金融危機の発生、それによって借入等が困難になって企業経営が厳しくなり景気がさらに落ち込んだことについては、「六大改革」の一つ、金融システム改革が深く関係しています。

橋本内閣が手がけた金融システム改革（金融ビッグバン）の内容は多岐にわたりますが、その主要な柱の一つに、金融機関経営の評価を市場（株式市場）に任せる、という政策があります。銀行経営の良し悪しは株価が評定してくれるだろう、株価が下がった銀行は潰れてもいい、という政策です。この政策のもとで、不況の到来とともに、体力のわりには不良債権を多く抱えているとみられた銀行の株価が下がり、資金（市場資金、預金など）の調達が困難になって経営がたちゆかなかった、そこまではいかなくても、貸出ができなくなった、加えて、健全な銀行でも株価の低下を恐れて不良債権となりそうな先には貸出をしなくなった（貸出の取り立てすらした）、結果として潰れる企業が増え、景気は一段と悪くなった、というわけです。

「改革」がもたらし、「改革」がひどくした不況と、私は一九九七、九八年の不況を名づけています。

小泉「構造改革」のもと、景気は再び悪化

一九九七、九八年の不況から日本経済を立ち直らせたのは、橋本内閣に代った小渕内閣が実施した公共事業の拡大、減税などといった景気浮揚政策――「構造改革」論が、それでは景気が良くならないと否定した、ケインズ型の政策――でした。小渕内閣はまた、経営破綻した銀行をとりあえず国営として営業を継続させる、経営危機に陥った銀行に政府

資金を投入して信頼を回復させるなど、これも金融システム改革とは全く逆向きの政策をとって金融危機からの脱出を図りました。そうした政策の結果が――アメリカの景気の拡大に助けられたという面も多分にありますが――一九九九年から二〇〇〇年にかけての景気回復です（図8－1）。

ところが、二〇〇一年四月、小泉「構造改革」内閣の登場です。二〇〇一年、〇二年と二年続けて成長率はほとんどゼロ％、景気は再び落ち込みます（図8－1）。

この景気の悪化の背景には、好調だったアメリカ経済の失速（二〇〇〇年の3.7％成長から〇一年の0.8％、〇二年の1.6％成長へ）ということがあり、「構造改革」だけを悪者にすることはできませんが、それでも、「構造改革」の景気へのマイナスの影響は否定できません。

再び公共投資を抑制し始めたこと、年金給付を抑え、医療費の患者負担率を引き上げる（一割から三割へ）などして人々の将来不安を高め（年金があてにできない、病気になったらお金がいる、など）、消費を抑えたことなどが景気を悪化させたのです。

加えて、小泉内閣が「構造改革」の一環として行った不良債権処理という政策も、景気を悪くするのに一役買いました。

一口に不良債権と呼ばれますが、不良債権には二つのグループがあります。一つは、企業が倒産するなどして完全に返済ができなくなったという、本当の不良債権です。いま一つは、将来倒産する恐れがある、その気配が出ているという、危機債権とか要管理債権と呼ばれる、いわば不良債権予備軍です。いつの統計を見ましても、本当の不良債権はごく一部、不良債権と呼ばれるものの大半は不良債権予備軍です（図10−1）。そして、小泉内閣が不良債権処理の促進政策として銀行に処理を急がせたのは、この予備軍の方なのです（本当の不良債権の方は、担保物件を売却するなどし、それでも回収できない部分は損失処理するなどして、放っておいても銀行は処理します）。

不良債権予備軍、つまり生きて営業している企業から貸金を回収する（不良債権として処理する）、銀行にそれをさせる、という政策ですから、企業倒産は増え、失業は増え、それだけ景気は悪くなります。

またしても「構造改革」がもたらした不況、それが二〇〇一、〇二年の不況でした。

図 10–1　「不良債権」と呼ばれるものの大部分は不良債権予備軍である

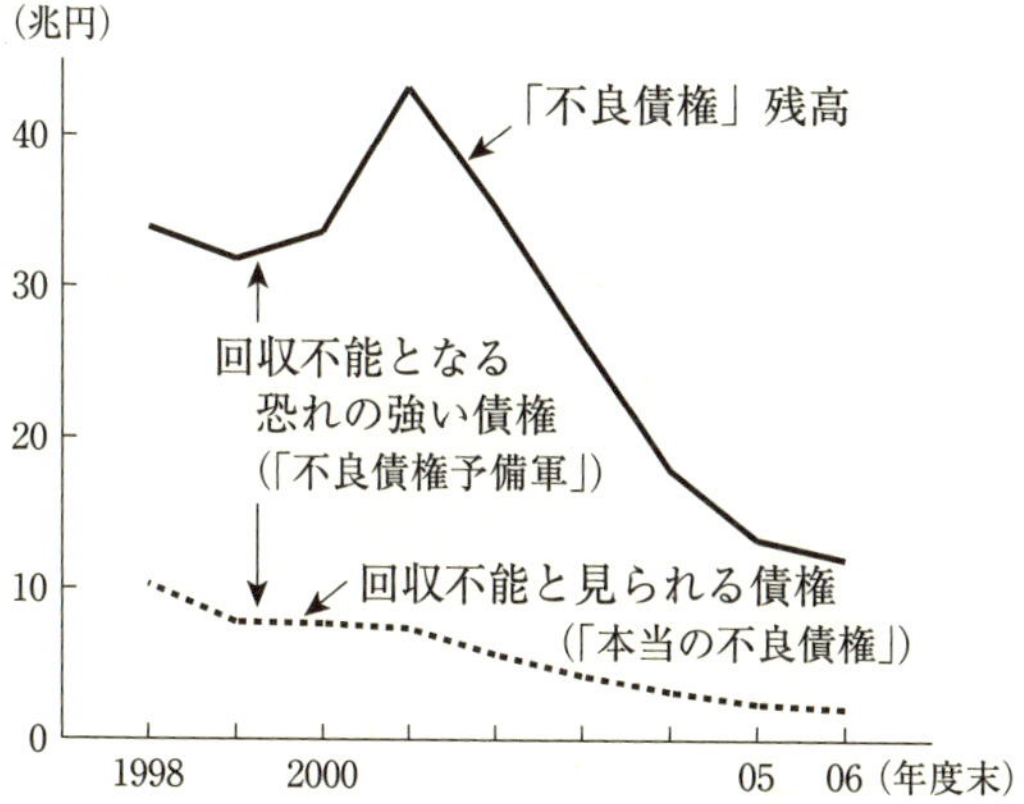

(注) 1. 全国銀行ベース
2. 「不良債権」とは金融再生法でいう開示債権の総額
3. 「本当の不良債権」とは破産更生等債権
4. 「不良債権予備軍」とは、危険債権と要管理債権を合わせたもの

(資料) 金融庁「2007年3月期における不良債権の状況等」

「構造改革」が実っての景気回復ではない

それでも小泉内閣の下で景気は良くなった、「構造改革」は、当初はたしかに景気を悪くしたかもしれないが、中・長期で見ると景気を良くしたのではないか、という見方があります。

たしかに、景気がどん底に落ち込んだ二〇〇一年、〇二年頃に比べるとその後の景気は良くなっています。小泉内閣誕生前（二〇〇〇年）と比べても日本経済は成長しています。

しかし、どのくらいの良くなり方、どのくらいの成長でしょうか。二〇〇〇年の国内総生産は五〇三兆円、二〇〇六年のそれは五〇八兆円ですから、六年間で五兆円、一％の成長にしか過ぎません。この間の物価の下落を差し引いた実質で見ても、六年間で九％の増加にしか過ぎません。良くなった、成長したといってもごくわずかです。実質の成長の方に敬意を払ったとしても、せいぜいが、「多少は忙しくなったが、売り上げの方はさっぱり」といったところでしょう。

加えて、多少ではあるにしろ良くなった、なぜ良くなったか、という問題があります。二〇〇〇年以降の需要の動きを見ましょう（図10－2）。輸出が著しく増えています。これに対して国内民間需要の方はほとんど横這い、ここ一、二年でようやく多少は上向いてきた、といった状況です。ここ一、二年の上向きも輸出が増えたことの波及効果（企業の設備投資の増加など）といった面が強いとみますと、景気の回復はもっぱら輸出が増えたため、と言うほかありません。

輸出が増えたのは、アメリカの景気の持ち直し（二〇〇三年以降は、毎年２％台後半も

図 10–2　景気回復は輸出増加のおかげ

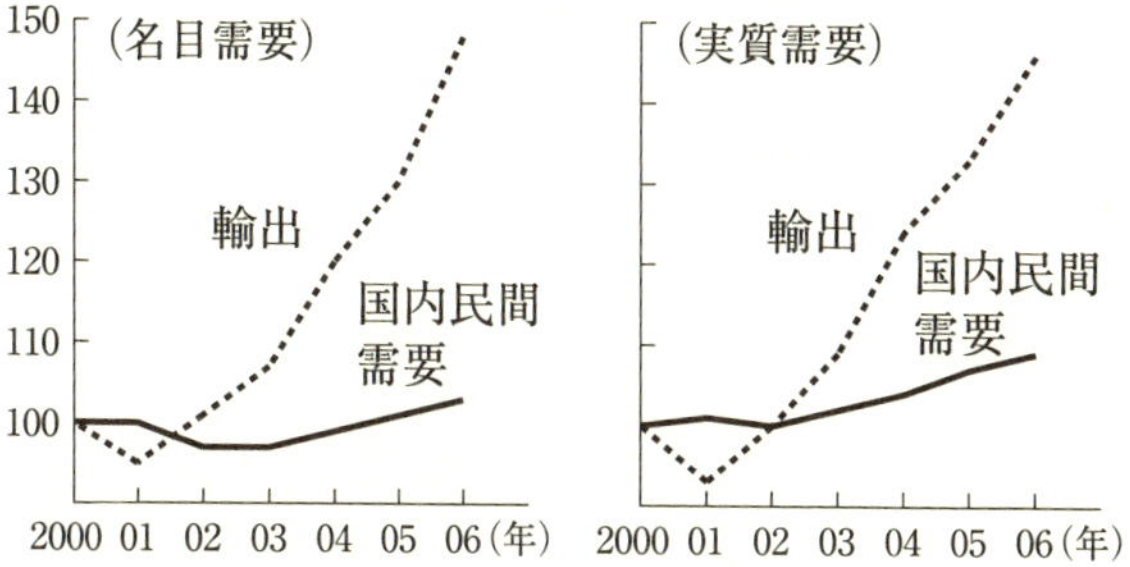

（注）　2000 年を 100 とする指数
（資料）　内閣府「国民経済計算」

しくは3％台の成長）や中国経済の高成長（二〇〇三年以降毎年9％台、二〇〇六年は10％強の成長）のお蔭です。「構造改革」が実ってのものではありません。

「構造改革」が実ってのものであれば、国内民間需要がもっと伸びていていいはずです。

「今後二～三年後には……民需主導の経済成長が実現することを目指す」と、小泉内閣は二〇〇一年に宣言していました（「今後の経済財政運営及び経済社会の構造改革に関する基本方針」、いわゆる「骨太の方針」、二〇〇一年六月）。二～三年後とははるか前のことで、すでに六年後、となっています。六年経っても「民需主導の経済成長」は実現していません。

「構造改革」は今でも景気の足を引っ張っている、輸出の増加のお蔭で、景気は回復基調を保っている、というのが正しいところでしょう。

第十一話　「構造改革」の恩恵で企業は儲かるようになった、しかし、そのシワは人々の暮らしに寄せられた、という話

「構造改革」で景気が悪くなったという話は、落ち着いて考えてみますと、別に驚くような話ではありません。

すでに、お話ししましたように（第八話）、「構造改革」論は、日本の景気が悪いのは「構造」が悪いからだ、企業が儲からない構造になっているからだ、と説きます。だから、「企業が儲かるような構造に変えなければ」と言うのですが、企業が儲からないから景気が悪いという、その診断自体が間違っていたのです。正しくは、バブルが破裂して需要が落ち込んだ、だから景気が悪く、企業も儲からない、と診断すべきでした。

間違った診断をもとに、「企業が儲かるようにする」処方箋を書いて、それに従って処方しても、景気が良くなるはずはありません。いわば、単なる食べ過ぎ、飲み過ぎ、せいぜいが食当たりだったのをガンだと診断したようなものです。ガンでない人に放射線治療をしたら、かえって体を悪くしてしまいます。ここ十年、日本経済に生じたのは、そうしたことでした。

家計から企業へ、所得が移転した

「構造改革」のもと、先に見ましたように（第十話）、景気は一向に良くならず、むしろ悪くなりましたが、「構造改革」が狙いとした、「企業が儲かるような経済構造にする」という点では、「構造改革」は成功しました。景気が一向に良くならなくても、その下でも企業は儲かるという、そういう構造に日本経済は変化したからです。

近年、企業は大変な利益を上げる状況になっているということは、すでに見ました（第一話、図1-6）。二〇〇六年度の経常利益は五四兆円、「構造改革」が始まった年、一九九七年度のそれは二八兆円でしたから、九年間で二六兆円の増加、ほぼ倍増です。

ちなみに、この九年間の日本経済の全構成員の所得（国民総所得）は、五二〇兆円（九七年度）から五二五兆円に、五兆円、1%の増加に止まっています。

全体の所得がさほど増えないなかで企業の収益（取り分）が増えたということは、別の部門から企業部門に所得が移転した、ということを物語ります。別の部門とは家計部門です。家計部門の所得の大宗を占める雇用者報酬について見ますと——第一話ですでに見ました通り——九年間でおよそ一六兆円の減少です。

全体の所得増加が五兆円、家計部門の所得減少が一六兆円、それに対して企業の経常利益の増加が二六兆円、これだけでもおよその辻褄は合っていますが、念のため一つの統計（国民経済計算）でこの間の変化の様を見ましょう（表11–1）。

この統計の語るところは、「構造改革」が実施された一九九七年度以降、日本国民全体の可処分所得は七兆円減った。しかし、企業のそれは一五兆円増えた。全体として減った分七兆円と企業が取り分を増やした分一五兆円、あわせて二二兆円については、家計が一六兆円、政府が五兆円、非営利団体等が一兆円負担した、と。

「構造改革」の下で企業は儲かるようになった、しかしそれは、家計の所得を削ること

表11-1　家計から企業に、所得が移転した
（可処分所得の変化）

（単位：兆円）

		年度 1997	年度 2006	97年度比
国民可処分所得		419	412	△ 7
	家　　計	310	294	△16
	企　　業	20	35	15
	政　　府	81	76	△ 5
	非営利団体等	8	7	△ 1

（注）　家計は個人企業を含む
（資料）　内閣府「国民経済計算」

ができたからである。この統計からそのように言っても、言い過ぎではないでしょう。

所得移転を促した「構造改革」

問題は、なぜこのようなことが可能になったのか、ということです。「構造改革」と深い係わりがある、ということをこの本の最初に示唆しておきました（序章）。

なぜ、「構造改革」と深い係わりがあると考えるのか、ということです。

一つは、消去法で考えるとそうなる、ということです。バブル破裂のためで

はない、グローバル化のためでもない、ということを先に見ました（第一話）。だとすると、残るは「構造改革」ということになります。

二つは、状況証拠です。「構造改革」の考え方が登場したのが一九九〇年代半ば、政策として本格的に採用されたのが一九九六年以降、そして日本の経済社会の流れが変わったのが一九九八年以降です。時期が見事に重なります。

「経済財政白書（二〇〇七年版）」が面白いグラフを載せています（図11－1）。このグラフは、一九七〇年代以降の景気回復期について、その始まりの時期（景気の谷）を一〇〇として、以降、四半期ごとの企業の経常利益と賃金の動きを描いたものです。横軸は経常利益ですから、右に行くほど利益が増えていることを表わします。縦軸は賃金ですから上に行くほど賃金が上がっていることを示します。

注目したいのは、今回（二〇〇二年から）と前回（一九九九年から）の景気回復期、すなわち、「構造改革」が登場してからの景気回復期のグラフの動きが、それまで（一九七〇年代、八〇年代、九〇年代前半）の景気回復期の動きと全く違っている、ということです。今回と前回はグラフの線は第四象限にあります。前々回までのグラフの線は全て第一

図 11-1　景気回復局面における企業収益と賃金の推移

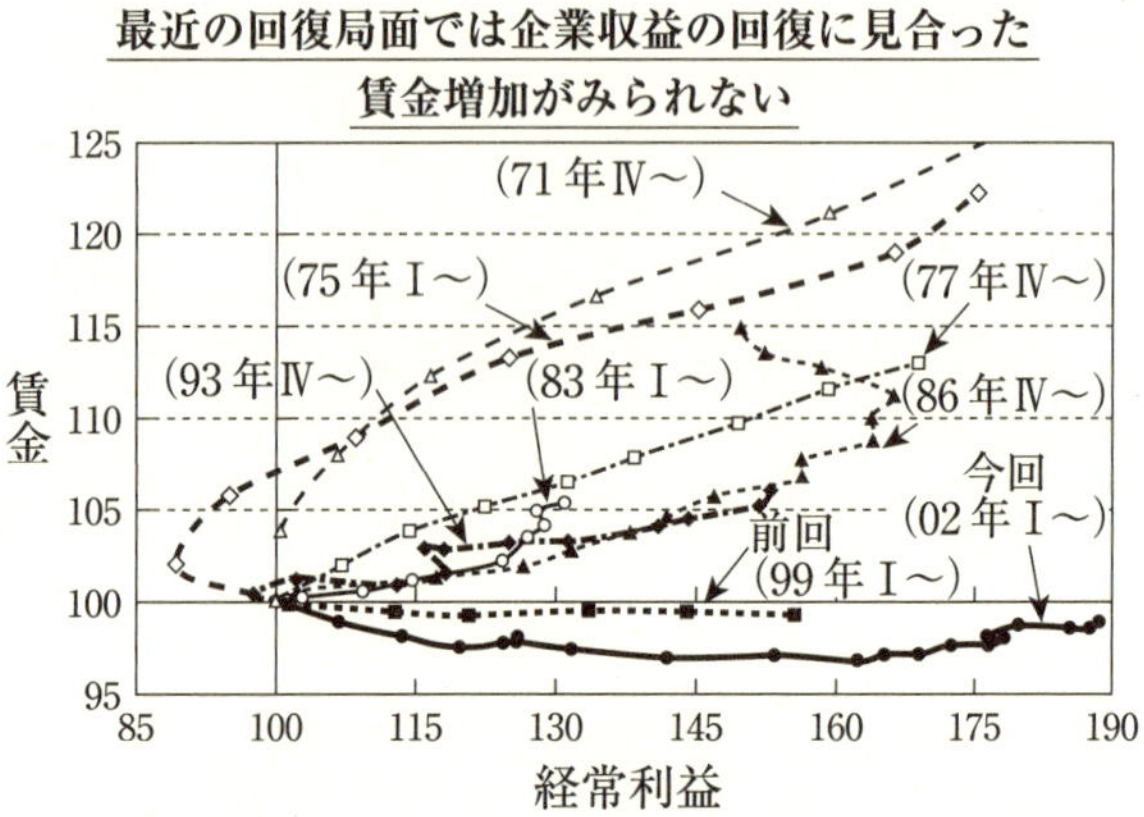

（備考）1. 厚生労働省「毎月勤労統計調査」、財務省「法人企業統計季報」により作成。
2. 賃金は現金給与総額、経常利益は1人当たりに直し、後方3期移動平均をとり、景気の谷を100として指数化している。

（出所）　内閣府「経済財政白書（2007 年版）」

象限にあります。すなわち、今回と前回は、企業の利益は相当に増えているのに賃金は減っている、過去にはそういうことはなかったということであり、これは程度の違いなどではなく、明らかに質の違いです。日本経済が構造変化を起こしたと見るべきでしょう。そして、その構造変化は「構造改革」の下で起ったのです。これ以上の状況証拠があるでしょうか?

企業に力を与えた「構造改革」

なぜ、「構造改革」はそんな変化をもたらしたのでしょうか。

それは「構造改革」の政策と考え方が企業と家計との力関係を変えたからだ、と私は考えます。

一つ。「構造改革」政策は景気を極端に悪くしました。先に見ましたように（第十話）、一九九八年は戦後最大のマイナス成長でした。九八、九九年と、二年続けてのマイナス成長も戦後初めてのことでした。大手金融機関が経営破綻をきたす、などということも戦後初めてのことでした。これらにより企業経営が受けた痛手は相当のものがあったと思われます。バブル破裂後の景気の落ち込みから立ち直りかけていた、前途に光明も見えていた時期での、再度の景気の落ち込みであっただけにその痛手はひとしおであったと思われます。

こうした、景気後退の深刻化は、企業と、そこに働く人との力関係を変えます。もう後がないという状況に追いつめられた企業の力は強くなります。企業が潰れたら元も子もないと受け止めがちの働く人々、企業別組合の抵抗力は弱くなります。企業の痛手は、働く人々、家計へと転嫁されていきます。

二つ。「構造改革」政策が、この、企業から家計へ向けての痛みの転嫁を、しやすい構造へと経済構造を作り変えました。労働基準法の改正や、労働者派遣法の改正など、労働の規制緩和がその代表的な政策です。企業は、正社員を非正社員に置き換えることによって、人件費を節減することが可能になりました。正社員は非正社員化を避けようとすれば労働条件の切り下げ（賃金の引き下げ、労働の苛酷化）を受け入れざるをえず、非正社員は、不況が生み出した膨大な失業者群を後ろに控え、いつでも代替可能な存在となり、厳しい条件で働かざるをえなくなりました。

そして、一度生まれたこうした状況は、景気が回復に向かい、企業収益が増加し始めても元に戻りませんでした。企業は、激化する企業間競争に勝ち抜くために、増加した収益を働く人々に配分しようとせず、一部は、配当に回し、大部分は、内部留保として積み上げることに努めました。

三つ。「構造改革」の思想が、こうした企業の行動を正当化してくれました。「企業は株主のために行動すべきである」とするのが、一九九〇年代に入って力を増してきた思想、「構造改革」と表裏一体の関係にある思想です。この思想のもと、より多くの収益を上げる企業、収益のためには大胆な合理化策をとる企業が賞讃される時代となりました。

四つ。「構造改革」の政策が、そういう、収益を挙げるためになりふり構わぬ行動をとることを、企業に強制するようにもなりました。種々の規制緩和のもと、力を増した株式市場を始めとする金融市場が、企業にそれを強いるようになったのです。潜在的な能力を十分に発揮していないとみられた企業は乗っ取りの対象とされる、それを容易とする法律上の枠組みや制度も整えられました。そして、現実に行われた買収によって、企業の収益をより大きくするための、人減らしや賃金カットなどの合理化策も行われました。

こうして、「構造改革」のもと、日本経済は、企業が儲かる経済構造へと、大きな変化を遂げたのです。

第十二話　「構造改革」の下、人々の暮らしは厳しくなった、格差も拡大した、という話

ワーキングプア、ネットカフェ難民、その他、数年前までは聞かれなかったような言葉がすっかり一般化しました。言われて見ればあの人がそう、この人もと、身近にそういう人を目にするようにもなりました。

何せ、民間企業で働くサラリーマンのうち一〇二三万人、全体の23%、つまりおよそ四人に一人が年間二〇〇万円以下の給与しかもらっていないのです（国税庁の調査）。月平均にして一六万円そこそこの収入で、どうして暮らしをたてているのでしょうか。

九年前、一九九七年の調査では、年収二〇〇万円以下という人は八一四万人、全体の

18%でした。この九年間に二〇〇万人以上の人が、新たに、年収二〇〇万円以下の低所得層に仲間入りしたわけです。「構造改革」がこれをもたらした、と見ていいでしょう。

九年前に比べ、暮らしは一割方貧しくなった

全体として見ても、「構造改革」の下で人々の暮らしが厳しくなった、賃金が下がり、雇用が不安定化し、暮らしの苦しさを訴える世帯が増え、生活保護を受けざるをえない世帯が増え、自殺者も増えた……等々のことはすでに見ました（第一話）。

そうした下で、格差もまた拡大した、ということをここで見たいと思いますが、その前に、平均的な人々の暮らしが、流れが変わった一九九八年以降にどのように厳しくなったか、そのあらましを見ておきましょう。

平均的なサラリーマン世帯の、二〇〇六年の暮らしを、一九九七年のそれと比較してみます（図12−1）。

実収入は、月平均で六〇万円であったものが五三万円へと、七万円、12%減っています。実収入から税金や社会保険料の負担を差し引いた可処分所得も、五〇万円から四四万

図12-1　収入、支出ともに10%以上減少
（1997年と比べた2006年。勤労者世帯）

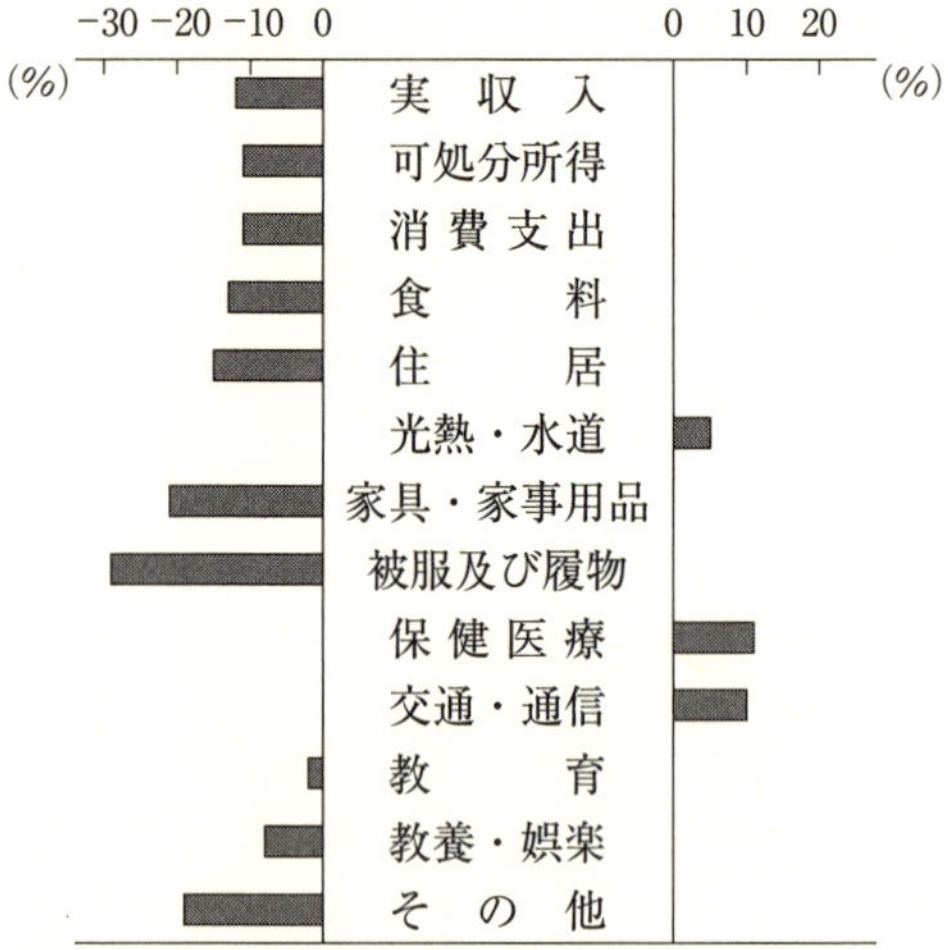

（資料）　総務省「家計調査」

円へと、六万円、11%の減少です。これでは消費支出も抑えざるをえません。消費支出も、三六万円から三二万円へ、四万円、12%の切り詰めです。

消費支出の内訳を見ますと、食料費、住居費などが10%以上の減少、家具・家事用品は20%超、被服・履物に至っては30%近くの減少となっています。教育費、教養娯楽費も若干ながら切り詰めです。

一方で、増えた支出は三項目だけです。最高の増え率は10％を超す保健医療費です。橋本内閣時、小泉内閣時の、二度にわたる大掛りな医療保険制度の「改革」が、生活を圧迫しているさまがうかがえます。あと、これも生活必需的な光熱・水道費が若干の増加。交通・通信費の増加は、携帯電話やインターネットの利用の増加のためと思われます。

以上は、平均的なサラリーマン世帯の暮らしの変化の姿ですが、これを、収入差に注目して収入ごとに幾つかのグループに分けて見ますと、興味深い結果が出てきます。

すなわち、まず、世帯を、収入の多い方から20％と、その他とに分けてみました（図12―2）。

すると、収入の多い方の世帯グループについては、収入、可処分所得、そして消費支出ともに、二〇〇六年のそれは、一九九七年に比べて7～8％の減少に止まっています。ところが、残りの、80％の世帯については、12～14％の減少です。この結果、前者（収入の多い方20％のグループ平均）の、後者（残り80％のグループ平均）に対する倍率は、一九九七年には、収入が一・七倍、消費が一・六倍であったものが、二〇〇六年には、それぞれ、二・〇倍、一・七倍となっているのです。格差が拡大した、ということです。

図 12-2　世帯間の格差が拡大

（1997 年と比べた 2006 年。勤労者世帯）

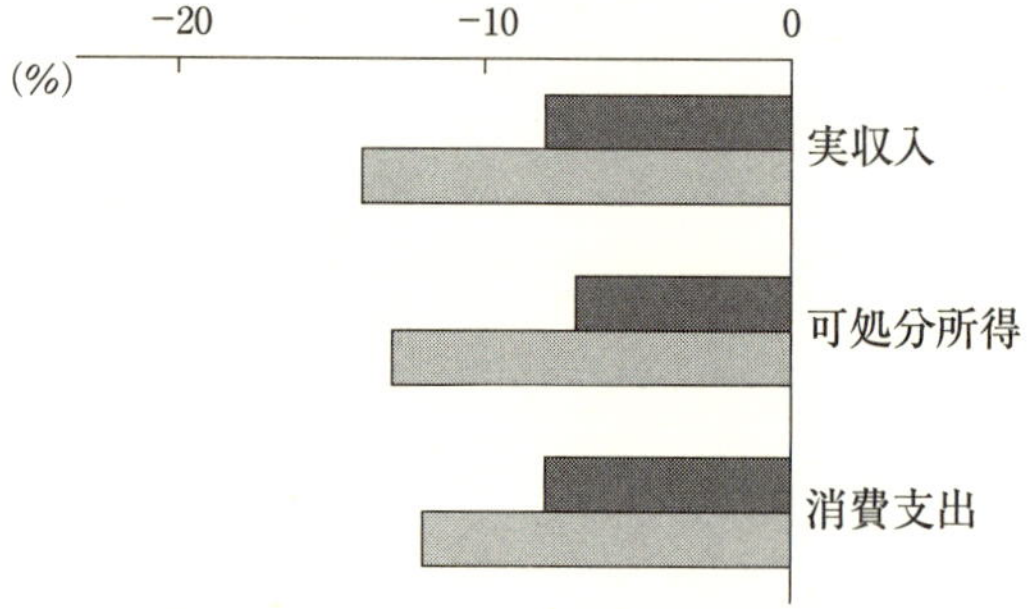

（注）■は、収入の多い世帯（全体の 20%）
　　　■は、残りの世帯（全体の 80%）

（資料）総務省「家計調査」

次に、保健医療費支出のこの間の動きを、世帯を、収入の少ない方から順に20％ずつ、五つに分けて見てみました（図12―3）。

保健医療費は、どの収入層でも、二〇〇六年の支出額は、一九九七年のそれを上回っているのですが、年々増え続けてそうなったというわけではありません。増え続けて、二〇〇六年の支出額がこの九年間で最大になったというのは、最も収入の多い世帯（20％）のグループだけなのです。残りの世帯（80％）については、保健医療費の支出は抑えられ始めています。ということ

図 12–3　病気になっても医者にかかれない人が増えている

（収入階層別に見た保健医療費支出の推移）

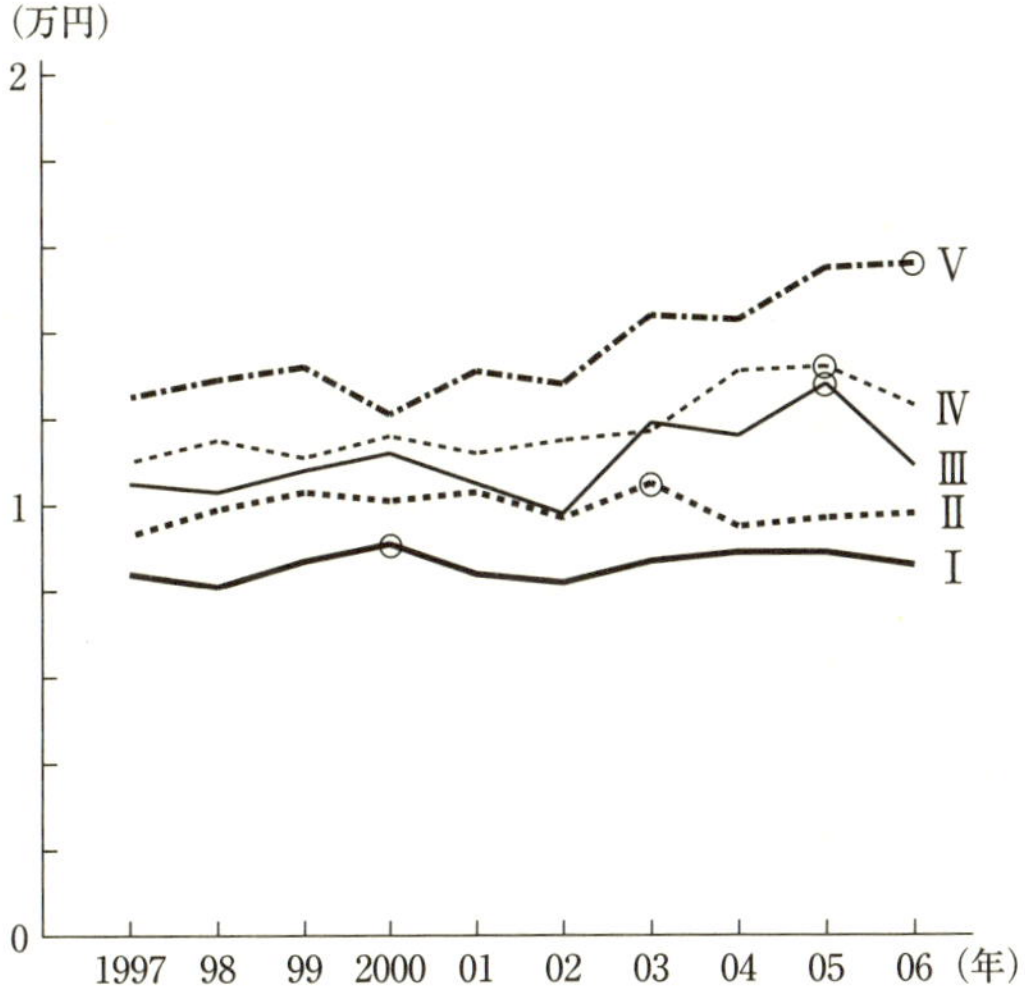

（注）1. 保健医療費の月平均支出額

2. Ⅰ、Ⅱ、Ⅲ、Ⅳ、Ⅴは収入の少ない順に、全体を 5 分割した世帯（各 20%）の動き

3. ○印は支出額のピークを示す。

（資料）総務省「家計調査」

は、病気になっても医者にかからない（たぶん、かかれない）人が増えている、ということでしょう。

「構造改革」が、人々の暮らしをそこまで追いつめている、ということです。

どの年齢層でも所得格差が拡大

格差について見ましょう。

先に見た、年収二〇〇万円以下の人が増えた（一方で年収二〇〇〇万円超の人も増えています）、収入上位20％の世帯と残り80％の世帯との収入倍率が上がった、などということからも格差の拡大は見てとれますが、全体としての格差は、ジニ係数をもとに議論されるのが通常ですので、これで見ましょう。

ジニ係数とは、格差を測る指標で、ゼロから一の間の値を取り、ゼロに近いほど格差が小さいことを、一に近いほど格差は大であることを示すと、まずは理解していただいて、実際の統計を見ましょう。

「所得再分配調査」という、おおむね三年に一度行われる調査でこれを見ますと、近年、ジニ係数の上昇が見られる、すなわち、格差が拡大している、ことが分かります（図12－4）。

問題は、これをどう解釈するかです。政府は、もっぱら、これを①高齢者世帯が増加したこと、②単身者世帯が増加したこと、によると説明しています。高齢者世帯はもともと世帯間の格差が大きい、その格差の大きい高齢者世帯の比重が高まったからジニ係数は上がったのだ、また、単身者世帯は低所得の世帯が多いから、これが増えることによってジニ係数も上がった、というのです。

たしかに「所得再分配調査」によれば、そういうことも言えます。ただし、そこから、「ジニ係数は統計上でのこと、実体としては格差の拡大は問題とするに値しない」という結論を政府は導き出そうとしているのですが、それは大変な誤りです。

別の統計、例えば、「就業構造基本調査」をもとに、労働所得のジニ係数を算出してみましょう。そうすると、「所得再分配調査」で見たよりも顕著なジニ係数の上昇が見られ（図12－5）、しかも、全ての年齢層において、ジニ係数の上昇が見られるのです（図12－6）。

図 12–4　拡大する所得格差
（ジニ係数の推移）

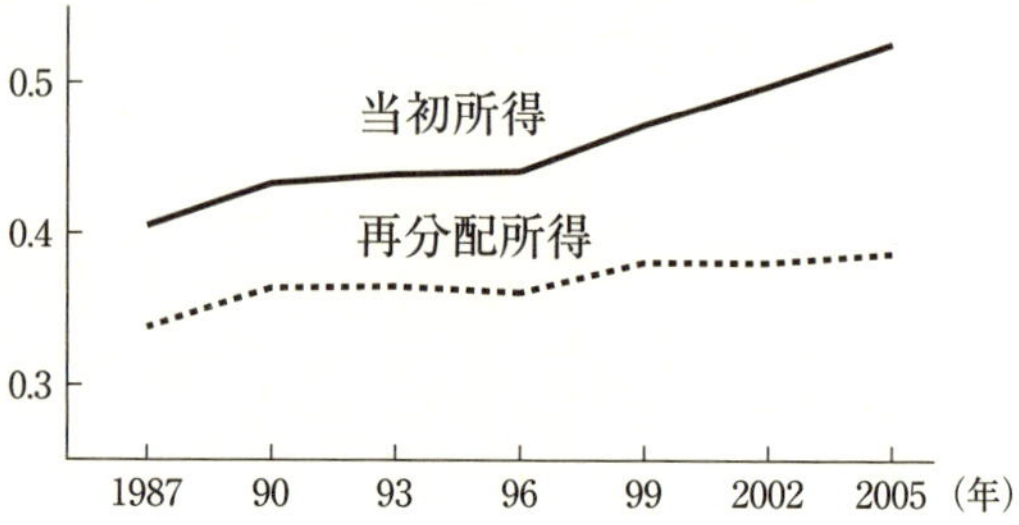

（資料）　厚生労働省「所得再分配調査」

図 12–5　労働所得のジニ係数の推移

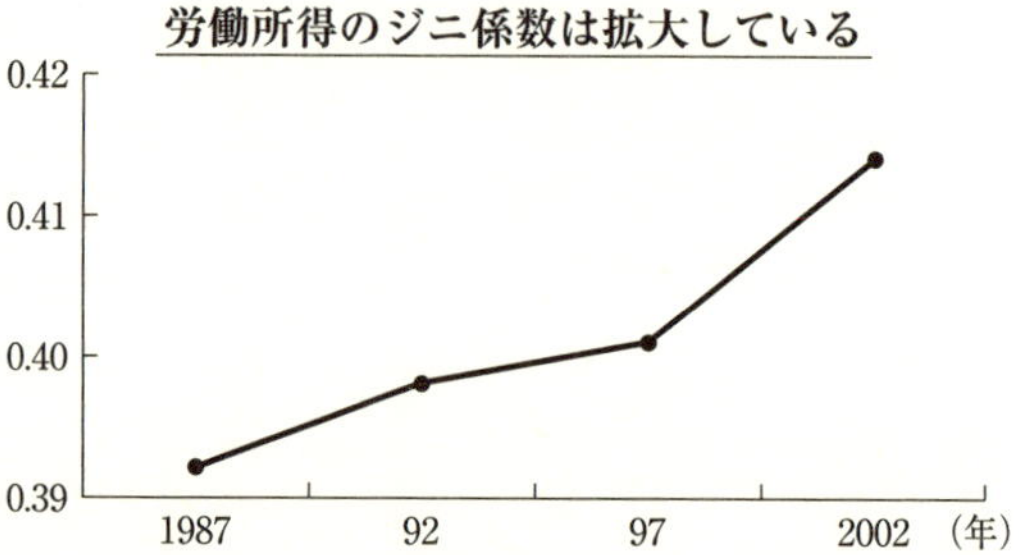

（備考）　総務省「就業構造基本調査」により内閣府で推計。
（出所）　内閣府「経済財政白書（2006 年版）」

図 12-6　年齢別の労働所得でみたジニ係数の推移

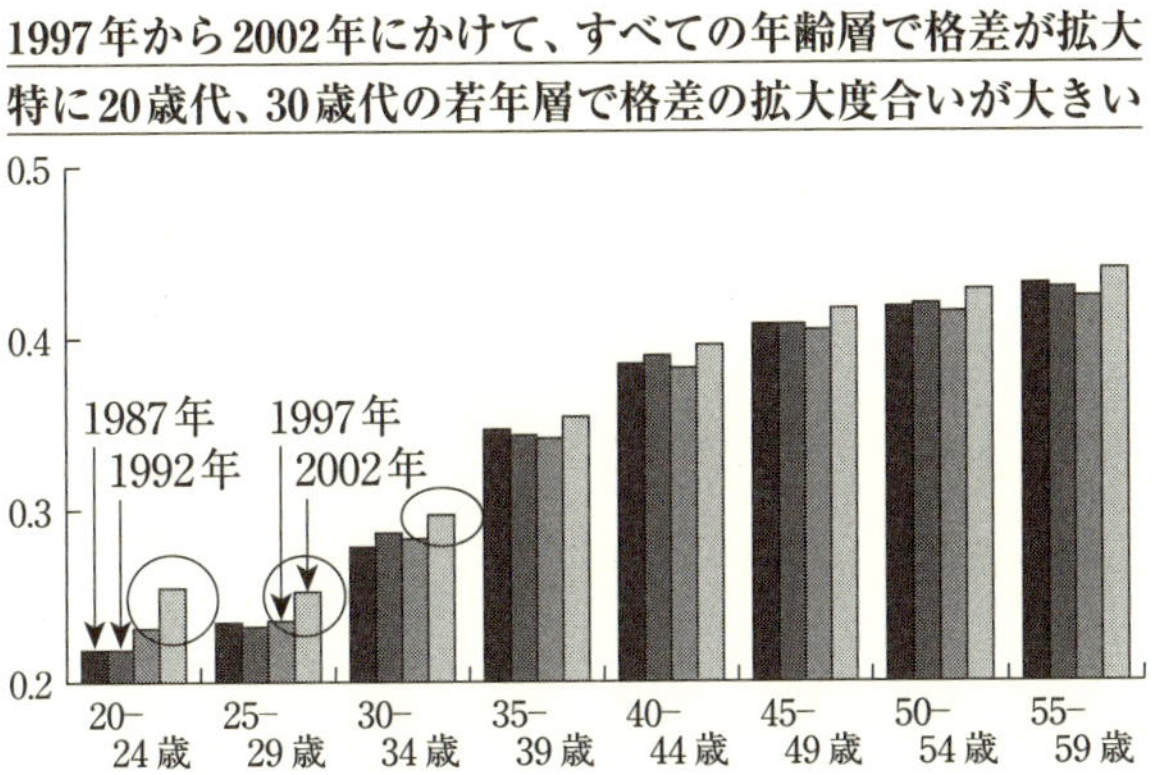

（備考）　総務省「就業構造基本調査」により内閣府で推計。
（出所）　内閣府「経済財政白書（2006年版）」

注意すべきは、「所得再分配調査」が世帯単位の所得調査である、という点でしょう。世帯単位で考えますと、所得の少ない世帯では所得を増やすべく努力します（専業主婦だった人が働きに出る、内職を始める、等々）。そうした世帯内の努力は、世帯間の所得格差を縮めることになります。対して「就業構造基本調査」は個人単位の所得、それも労働に限っての調査です。賃金格差の拡大があれば、それは格差拡大として統計に反映されます。全般的な労働所得の格差拡大は明らか、と言えます。

なお、「再分配調査」も「就業構造調査」もそうですが、これらの調査は、標本を抽出してのアンケート調査であることに注意が必要です。標本に抽出されても回答しない——ワーキングプアと呼ばれる人々やそれに近い状況にある人々は、そうなることが多いと思われます。「再分配調査」についてみますと、その回収率は75%（二〇〇二年調査）から61%（二〇〇五年調査）へと大きく下がっています。回答できる生活状態にある人だけが回答する、ということになりますと、そこに表われてくる格差は実体よりも小さく出る、ということになります。

いずれの点から考えても、全般的な所得格差の拡大は否定しようのない現実であると思われます。

第十三話　「構造改革」は企業にとっても困った状況を生み出している、という話。あわせて、日本の経済社会全体としても困ったことになってきつつある、という話

「構造改革」によって企業は儲かるようになった、それで万々歳かというと、企業にとっても必ずしもそうではない、そこに、現実の経済のメカニズムのむずかしさがあります。

企業の収益は増えている、しかし、賃金の方は一向に増えていない、むしろ減っているという状況が、「構造改革」以降の景気回復、つまり、一九九九年からの回復と、二〇〇二年からの回復を特徴づけているという姿を先に見ました（第十一話、図11‐1）。

その結果として、困ったことが起こっているのです。

回復しない個人消費

消費支出がいっこうに増えてこない、ということがそれです。

例えば、二〇〇二年からの景気回復について見ましょう。その谷底の時期（二〇〇二年一～三月期）から最近時（二〇〇七年七～九月期）までについて見ますと、輸出や設備投資に比べての消費支出の伸びの低さが目立ちます（図13―1）。

このため、この間の国内総生産（GDP）の増加率（実質）13・1％に対する寄与度を見ますと、GDPの58％の比率（二〇〇二年の比率、二〇〇七年は56％に低下）を占めているにもかかわらず、消費支出は5％弱の寄与に止まり、比率14％（二〇〇七年は16％）の設備投資（4％の寄与）の4％とほぼ同じ、比率10％（二〇〇七年は16％）の輸出（7・1％の寄与）を下回っています（図13―2）。図体が大きく、景気への影響力の大きい消費支出が、その図体の大きさほどには景気回復に寄与していない、言い方を変えますと、消費支出があまり増えないために景気の方もいっこうに華々しくは回復しない、とい

図 13-1　消費支出の伸びは低い
（景気の谷からの伸び率）

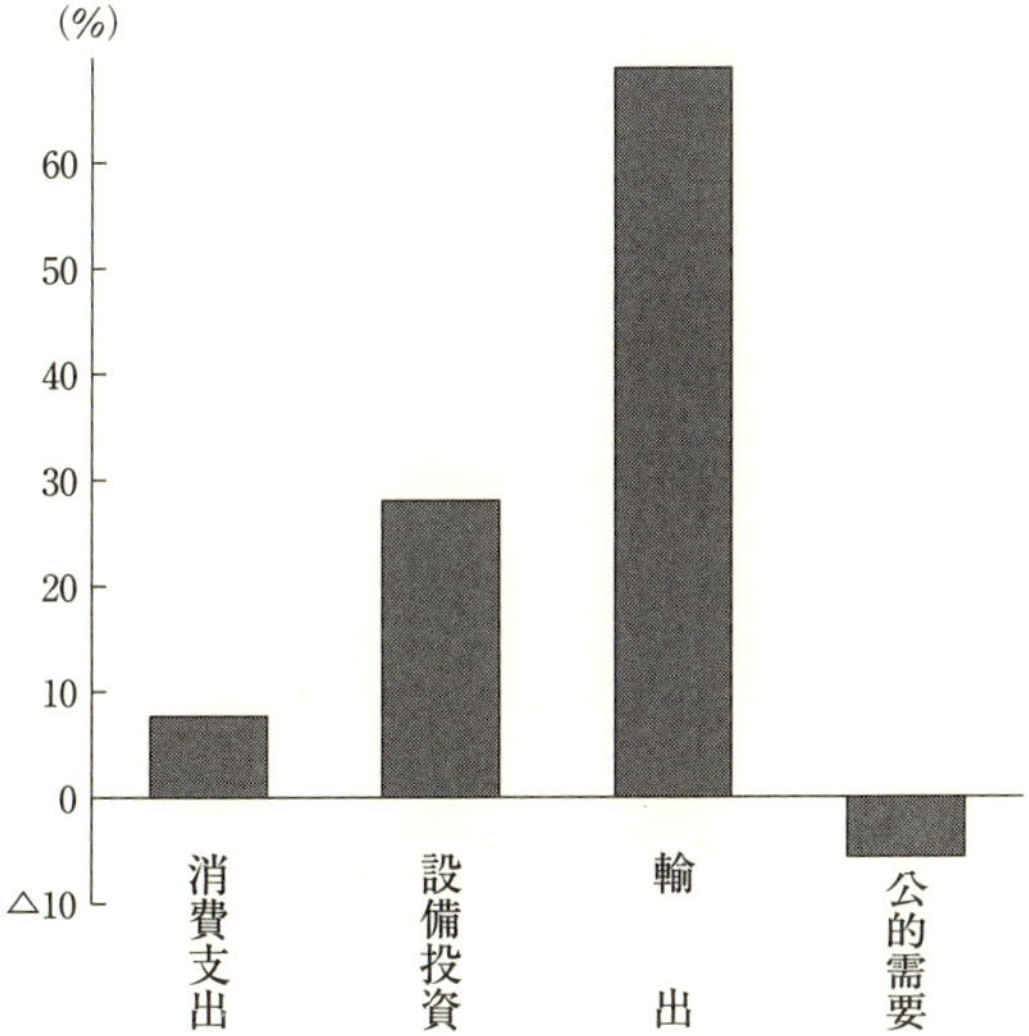

（注）　景気の谷（2002 年 1〜3 月期）から最近時（2007 年 7〜9 月期）までの伸び率。実質。
（資料）　内閣府「国民経済計算」

図 13-2　消費支出の景気回復への寄与はウェイトの割には低い

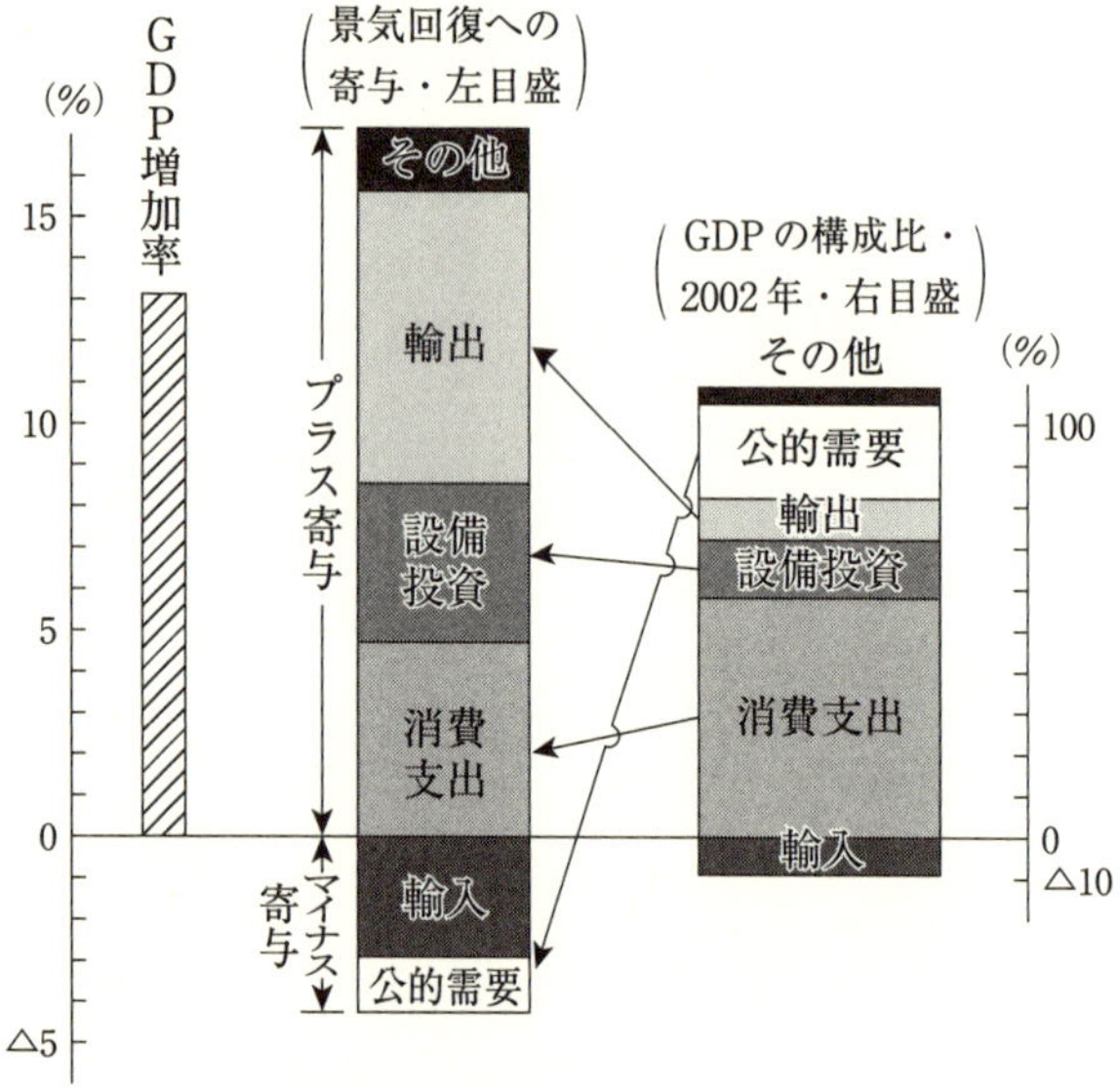

(注)　2002年1～3月期から2007年7～9月期までのGDPの実質増加率（13.1%）に対する各需要増の寄与度

(資料)　内閣府「国民経済計算」

図 13–3　中小企業・消費関連業界の業況は良くならない

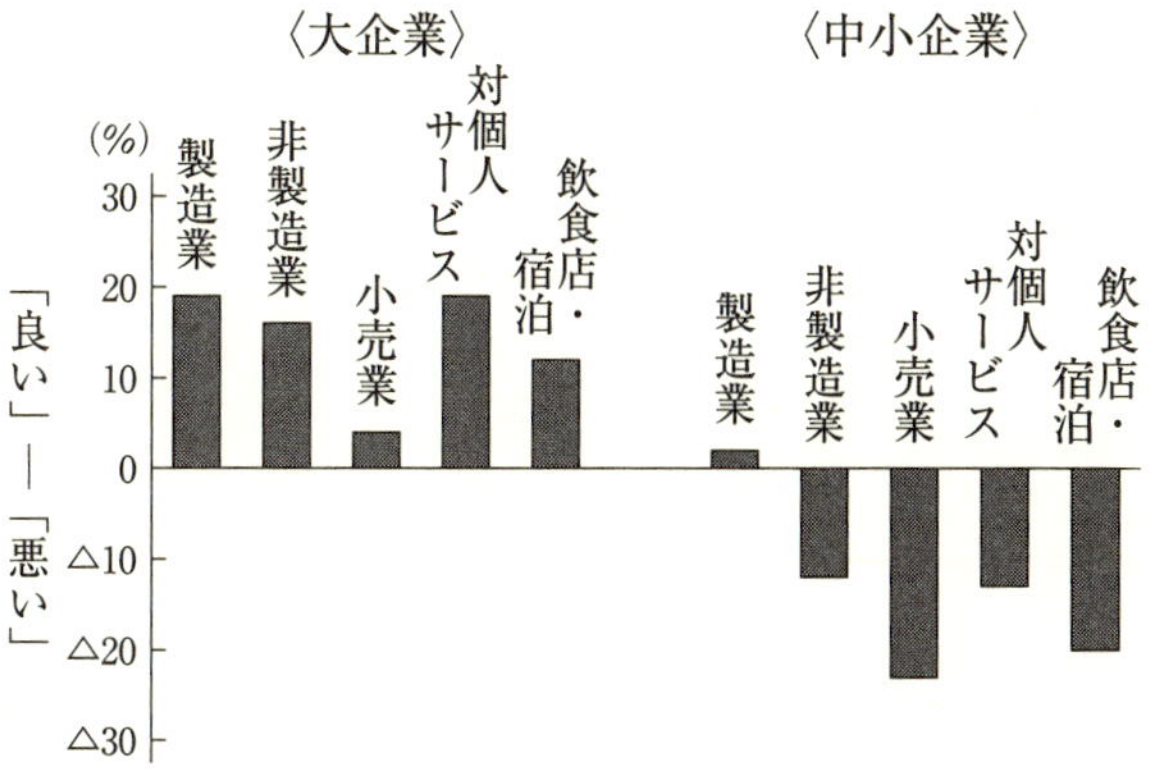

（注）　業況が「良い」と判断する企業の比率（%）から、「悪い」と判断する企業の比率を引いたもの
（資料）　日本銀行「全国企業短期経済観測、2007 年 12 月調査」

うことになっているのです。

　これは、まずは消費関連の商売をしている企業にとっては非常に困ったことです。消費関連産業は今だに景気が良くなっていません。中小の小売業、飲食店・宿泊業などは、未だに業況が「悪い」と判断する企業の比率が、「良い」と判断する企業の比率をかなり上回っています（日本銀行調べ、二〇〇七年十二月、図13―3）。

　困っているのは消費関連の企業だけではありません。全ての企業にとっても、消費が回復しないということは困ったことなのです。

一九九〇年代半ばまでの日本の景気を振り返りますと、①まずは何らかの事由で（海外景気の上昇、公共事業の拡大、など）需要が増加する、②その結果として売上げの増加などが起こり、企業活動が活発化し、収益も上がるようになる、③その影響は雇用の増加、賃金の上昇などを通じて家計にも及ぶ、④そこで家計は消費支出を増やす、⑤消費支出の増加＝需要の増加があって企業活動は一段と活発化する、という一連の流れ＝好循環がありました。この好循環があって景気回復は本格化し、多くの企業がその成果を享受できていたのです。

ところが、一九九九年の景気回復からは、②から③へと向かう流れがなくなった、あったとしてもはっきりとは目に見えないほどのものとなってしまったのです。従って、④の動きも、⑤の動きもなくなりました。景気の自律回復力が失われてしまった。「構造改革」がそれを壊してしまった、ということです。

このことは、景気の回復がひたすら輸出頼り、海外景気頼りになった、ということを意味します。輸出の増加があれば企業活動は活発化し、企業収益も増えます。つれて、設備投資も増えます。しかし、そこ止まりです。輸出増加に伴う設備投資の増加、また、設備投資の増加に伴う設備投資の増加はあっても、それにはおのずから限界があります。さらに景気回復が続くためには、一段と輸出が増加する必要があります。それがなければ、景気回復は息切れしてしまう——それが、「構造改革」が作り出した日本経済の構造です。

二〇〇〇年から〇一年にかけての景気後退は、先に見ましたように（第十話）、小泉「構造改革」の影響とアメリカ経済失速の影響とによるものでした。アメリカ経済の失速の影響を大きく受けたことについては、国内の消費が回復しておらず、輸出の落ち込みを相殺できなかった、ということがあります。

二〇〇二年からの景気回復は幸いでした。アメリカ経済が持ち直し、中国経済の高成長が続いてきたからです。それでも、途中何度か、輸出の伸びが鈍った時期があり、そのつど、景気回復が足踏み状態になりました。今日また、サブプライム問題などで米欧景気に動揺が見られると、日本の景気の先行きも懸念される、という状況にあります。

個別企業としては、収益が上がっても賃上げをしなくていい、そういう構造を作り出してくれた「構造改革」はありがたいものでした。しかし、企業総体としてみますと、家計の収入が増えず、従って消費が増えない、景気が本格的に良くはならず、いつまで経っても海外頼りという構造を作り出してしまった「構造改革」は困ったものだという、そうしたジレンマが生まれているのです。

一番の少子化対策は「構造改革」の見直し

「構造改革」が生み出した貧困層の増大、そのことがさまざまな社会問題を引き起こしている、ということもあります。

日本政府が目下最大の問題として取り上げ、担当大臣まで置いて取り組んでいる問題に少子化問題があります。その背景についてはさまざまな分析がなされ、対策が打ち出されたりしてもいますが、政府があまりふれようとしない、そして対策を打ち出そうともしない、けれども重要な問題があります。すなわち「構造改革」が生み出した貧困化の問題であり、労働の苛酷化の問題です。

一人で生きていくのが精一杯という賃金しか支払われない、加えて、いつ仕事がなくなるか分からず、先の展望ももてないといった若者が量産されています。これでは、結婚しよう、子供を作ろうとする人が少なくなり、少子化が進むのは当然と言えましょう。

また、たとえ正社員として採用されるという幸運に恵まれた若者についてみても、そこで待っているのは長時間労働です。四人に一人以上（28％）の人が週五〇時間以上働いている、という現実があります（図13−4）。ヨーロッパの大半の国では、そんな人は二〇人に一人、オランダなどは七〇人に一人です。

当然、帰宅時間も遅くなります（図13−5）。たえず、過労死の不安に脅かされているような社会では、子供は簡単には生めない、という現実があるわけです。

少子化を本当に問題とし、本気でその対策を講じようというのであれば、少子化の背景にあるこうした若者の暮らしの厳しさ、そしてそれを招いた「構造改革」の見直しまで進まなければいけない、という状況になっているのです。

そのほか、非正社員の増加が厚生年金の加入者を減らし、その賃金の低さが国民年金の未払いを増やすなどして年金制度の基礎を掘り崩している、という問題があります。子どもや若者が将来に希望を持たなくなっているという、この国の未来に係わる問題もあります。

図 13-4　多数の人が長時間働いているという日本の現実
（週 50 時間以上働く人の割合）

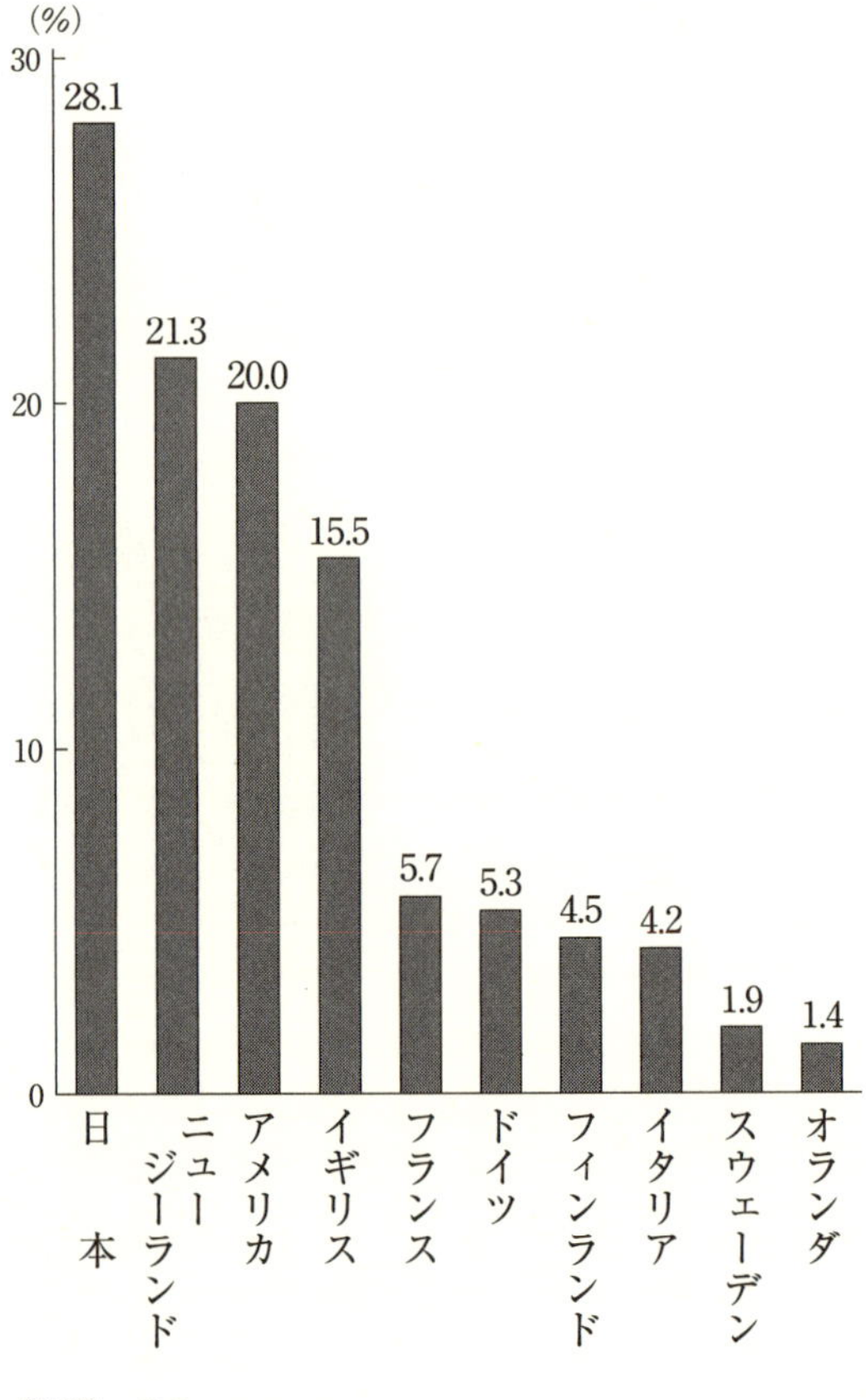

（資料）　ILO

図 13–5　帰宅時間がこんなに違う
（日本とヨーロッパ）

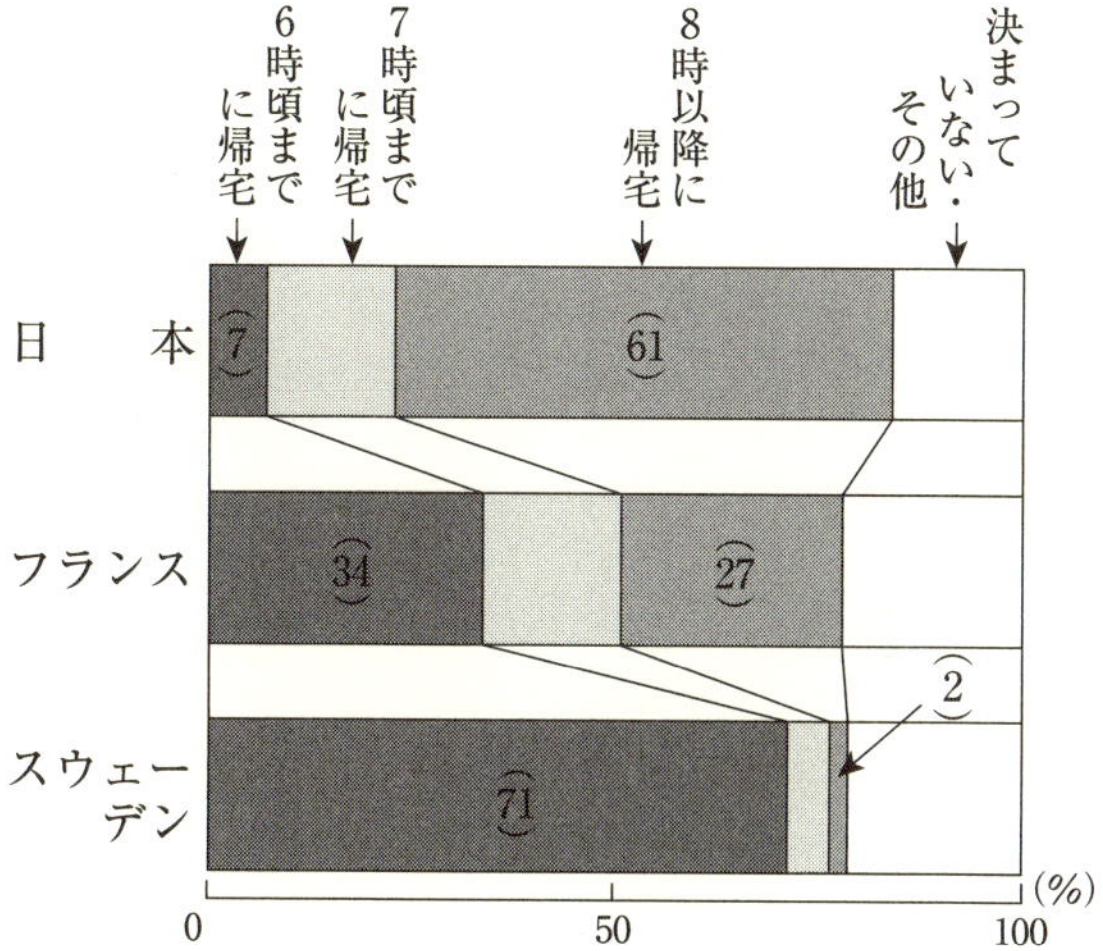

（注）　男性についての調査
（資料）　内閣府「少子化社会白書（2005 年版）」

企業にとっても、日本企業の強味は従業員の力を合わせて秀れた品質の製品やサービスを生み出してきたところにありました。その強味が、従業員が正社員と非正社員とに分断され、また正社員の中での差別化が進む中で、失われつつあるのではないか、という不安も生まれてきています。技術の伝承がむずかしくなるのではないか、という懸念も聞かれます。

「構造改革」は、本日、た

だいまの家計の厳しい立場からだけでなく、企業全般の立場、あるいは、政府の立場から見ても、この国の企業や社会の行く末を考えるならば再検討が必要、というところにきています。

問題は、企業の中でも政府の中でも、まだわずかの人しかそのことに気づいていない、ということにあるようです。

第十四話　「構造改革」はこれからどうなるだろうか、それは変わるだろうか、という話。

二〇〇一年四月から〇六年九月まで、小泉内閣は五年五か月の間、「構造改革」を唱え続けていました。その後を継いだ安倍内閣の経済政策もまた、「改革」を「加速・深化」させるというものでした。

安倍内閣の下で、「今後の経済財政運営の中期的な方針」として閣議決定（二〇〇七年一月）された「日本経済の進路と戦略」、また、「骨太の方針・第七弾」として決定（二〇〇七年六月）された「経済財政改革の基本方針二〇〇七」を見ますと、安倍内閣が小泉内閣の「改革」政策を全面的に受け継ぎ、さらに「新たな改革への一歩」を踏み出す方針であったことが示されています。

「改革」の全面継承を目指した安倍内閣

この二つの「方針」を読みますと、安倍内閣が行おうとしていた経済政策は、主として次の三つであったとまとめられます。

第一は、労働市場の抜本的改革、いわゆる「労働ビッグバン」の実現です。「時間に縛られないホワイトカラーの働き方」などと「骨太の方針」に書かれていますが、ホワイトカラーに対する労働時間の規制をはずす（何時間残業させても残業代を払わなくてもよくする）といった類のさらなる規制緩和を行う、という政策です。

第二は、社会保障制度の一層のスリム化、すなわち、「小さな政府」の実現です。「進路と戦略」には「持続可能な制度の構築」ということが繰り返し強調されています。「持続可能」ということは、「制度を維持するための国民負担が過度とならないように、その範囲内で給付を決める」ということであり、換言すれば、年金、医療、介護などの給付を一段と貧弱なものにするという方向に向けて「改革」を進める、ということです。医療についても介護についても、「公的給付の内容・範囲の見直し」が唱えられています。

第三は、財政再建に向けての「歳出・歳入一体改革の実現」です。安倍内閣は、小泉内閣がその末期に掲げた「二〇一一年度の基礎的財政収支を黒字化させる」という目標をそのまま引き継ぎ、①歳出の切り詰め、②「税体系の抜本的改革の実現」を唱えました。

もっとも、こうした「改革」政策を打ち出しはしたものの、安倍内閣が、その一年の間に具体的に実施した政策は、第三の②、歳出の切り詰めだけでした。これについては、二〇〇七年度予算で、生活保護制度の給付の削減（母子加算の廃止など）や、公務員の削減など、小泉内閣時にその方針が打ち出されていた政策を実施に移しました。

第一、第二、第三の①は、先送りされたわけですが、これについては、安倍首相の主たる関心が「戦後レジームからの脱却」のための諸施策の展開にあり（憲法「改正」に道をつけること、教育基本法を「改正」すること、その他）、経済政策は後廻しにされたことがあるかと思われます。

また、二〇〇七年七月に参院選を控えていたことから、第一や第三の②は、選挙前に政策として提示することは、政府与党に不利に働くとの判断もあったようです。なお、第二はもともと、先の改革の直後でもあり、具体策の提示は二、三年後、と予定されていたものでした。

ですから、参院選の結果が安倍内閣にとって好ましいものとなっていたら、選挙後、これらの政策も、その具体策が次々と提示され、「改革」は継続されることになったと思われます。

選挙民の判断は、それをNOとするものでした。

「改革」は継続する福田内閣

さて、福田内閣です。

福田内閣の基本姿勢は、その所信表明演説（二〇〇七年一〇月）に見ることができます。所信表明演説は「改革は進めていかなければなりません」と明言しています。ただし、一方で、「改革の方向性は変えずに、生じた問題には一つ一つきちんと処方箋を講じていくことに全力を注ぎます」とも言っています。要は、小泉・安倍内閣が目指したのと同じ方向を目指すが、その進行速度は落とす、ということのようです。東京に向かうが、「のぞみ」はやめにして、「こだま」で行く、ということでしょう。

「改革の方向性」について、はっきりと言っていることは、「二〇一一年度には基礎的財政収支の黒字化を確実に達成するなど、歳出・歳入の一体改革を進める」ということです。この中には、先にまとめた安倍内閣の主な政策のうち、第二、第三がすっぽりと入ります。社会保障制度のスリム化を図る、歳出の切り詰めを図る、増税策を講じる、ということです。増税策の柱は、おそらく消費税の増税でしょう。

先にまとめたうちの第一の政策、労働市場の抜本的改革については明言がありません。しばらくの間、棚上げ、ということでしょうか。楽観はできませんが。

第一はおいても、第二、第三の政策を推進するとなると、生じてくる問題は多々あると思われます。例えば医療保険や介護保険の給付水準の切り下げは、病気になった人や介護が必要になった人、そのうちでもとくに貧しい人の生活を直撃します。それにどう対処しようというのでしょうか。対処しつつ、二〇一一年度までに、基礎的財政収支の黒字化が達成可能なのでしょうか。所信表明は、具体的な処方箋については全く触れていません。

「改革」の流れを変えるには

これから「改革」政策がどうなるかを見るについては、福田内閣の政策ばかりでなく、背後にあって「改革」を支えていた、あるいは「改革」を推進させていた、アメリカ政府と経済界の意向も注目しておく必要があります。

小泉・安倍内閣の「改革」を高く評価し続けたアメリカ政府が、福田内閣に向けてどういう「改革要望書」を提示するのか、まずは注目されるところです。二〇〇七年一〇月に提示された二〇〇七年の要望書では日本政府の姿勢については何も触れていません（表9-1参照）。しかし、今後は「改革」継続の必要性を説き、積極的に「改革」を実施することを強く要望するものになるだろうと思われます。

経団連は、すでに、福田内閣発足時（二〇〇七年一〇月一日）に、「新内閣に望む」と題する「意見書」を提出しています。その「意見書」は、改革の手綱を緩めてはならない、とするもので、世界各国とのEPAの締結、社会保障制度と歳出入の改革、道州制の実現など、八項目の要望事項からなっています。

また、経団連は、参院選の終わった後（二〇〇七年九月）に、「今後のわが国税制のあり方と平成二〇年度税制改正に関する提言」を提示し、消費税率の引き上げ（当面2％、二〇一五年までにさらに3％と示唆）や法人税率の引き下げ（実効税率で10％）などを主張しています。

福田内閣も、「改革」は「こだまで」とは言っておれなくなるかもしれません。

もっとも、小泉・安倍内閣時と福田内閣（あるいはそれに続くかもしれない自・公連立による内閣）との違いは、参議院の議決、という壁があることです。

「改革」派が、経済財政諮問会議で、民間委員（実は財界委員）の力を借りてその主張を通して、それをそのまま閣議決定し、法案を作って国会で議決する、というこれまでの「改革」の実施手順は、これまでのようには進まなくなった、ということです。法律改正を必要とするような「改革」はかなりむずかしくなった、ということで、労働市場の抜本的改革が、福田首相の所信表明演説からも、経団連の「新内閣に望む」からも消え落ちているのは、そうした現実を見据えてのことでしょう。

ということは、今後の「改革」は、とりあえずは法改正までは必要としないところで進められる、また、法改正が必要であっても、参議院での賛成もえられそうなところから進められる、ということです。

さしあたりは、「小さな政府」を目指しての歳出削減が「改革」政策の中心となるでしょう。それにからめての消費税増税なども、「社会保障の削減か、消費税の増税か」といった問題提起のもとで、すでに実施への足場固めが始められつつあります。

二〇〇七年の参院選は、「改革」政策の暴走には一応のブレーキをかけました。しかし、「改革」政策はなお止みません。「流れ」を変えるためには、次の総選挙での、選挙民の決断、選択が必要のようです。

第三章

「小さな政府」をめぐる神話

第十五話　「簡素で効率的な政府を実現する」という目標がなぜいけないか、という話。あわせて、日本はすでに十分に「小さな政府」である、という話

　政府は、最近は「小さな政府」とは言いません。「簡素で効率的な政府」と言います。二〇〇六年、小泉内閣時に制定された法律の名前は「簡素で効率的な政府を実現するための行政改革の推進に関する法律」でした。この法律とか、「競争の導入による公共サービスの改革に関する法律」とか、同時に成立させたあわせて五つの法律をもとに、「簡素で効率的な政府」（というのは、見てくれを良くするための命名で、実体は「小さな政府」と変わらないのですが）を実現するということで、さまざまな「改革」政策が動き出して

います。いわく、「総人件費改革」「公共サービス改革」「政策金融改革」……。

「簡素で効率的な政府」、すなわち「小さな政府」

「簡素で効率的な政府」という表現自体は文句のつけようがありません。政府は、複雑であるよりも簡素である方がいいでしょう。非効率な政府よりは効率的な政府の方がいいでしょう。それはそうですが、この名を冠した先の法律には致命的な欠陥があります。政府が何をするか、何をすべきかについての規定を全く欠いていることがそれです。

政府が何をするか、何をすべきか、これは政府の目的と言っていいでしょう。対して、簡素な政府、効率的な政府、というのは政府がその目的を達成するための仕事のし方とか組織のあり方、いかなる形で政府が目的を達成するかという、いわばその手段です。目的があって初めて、その目的を達成するための手段が問題になる、ことの順序はそうあるべきでしょう。

ところが、「簡素で効率的な政府……」の法律は政府の目的を定めていません。それでいて政府の姿＝政府の目的達成の手段の方を決めています。公務員を減らします、人件費を減らします、仕事を民間に委託します、等々といった具合にです。

そうすると何が起こるでしょうか。

例えば、政府のやるべき仕事を決めないまま、政府の使えるお金（予算）や仕事をする人（公務員）を減らしますと、その分、政府のする仕事（要するに人々に対するサービス）も減る、ということになります。政府を簡素にすることによって政府サービスの方も簡素になってしまう、いわば、手段を決めることによって目的が決められてしまう、手段が目的を規制する、そういうことになってしまいます。

これでは順序が逆です。

まず、政府のやる仕事、やるべき仕事を定めます。政府の使うお金（予算）や雇う人（公務員）はその仕事に応じて決まってくる、そして、仕事をするについては、できる限り効率的にやってもらう、それが順序というものでしょう。

その順序をはずして手段の方を先に決めた、その結果何が起こっているかと見ますと、先に見た理論通りのことが起こりつつあります。政府サービスの削減、がそれです。雇用保険への政府拠出金の廃止、生活保護水準の切り下げ、介護保険の給付削減、医療保険の給付削減、これらは小泉内閣の下での最後の「骨太の方針（二〇〇六）」に示された「簡素で効率的な政府」を目指すための具体策です。

先の二つは、安倍内閣の下、二〇〇七年度予算で具体化されました。後の二つは今後の課題とされています。要するに、「簡素で効率的な政府」という美名の下、人々にサービスすることの小さい政府、つまりは「小さな政府」が作られようとしているのです。

国民へのサービスを削る「小さな政府」

政府は、「簡素で効率的な政府」という美名のもと「小さな政府」を作ろうとしている、そのことを確認したうえで、いまひとつ、確認しておくべきことがあります。それは、日本の政府が、先進諸国の中で際立って「小さな政府」である、すでに、十分に「小さな政府」である、ということです。

第一に、公務員の数です（図15－1）。人口千人当たりの公務員の数を見ますと、フランス96人、アメリカ81人、イギリス73人、ドイツ58人に対して日本は35人です。欧米主要国の半分ほどしか公務員がいない国、それが日本です。それに応じて、公務員への支出（人

図 15–1　小さな日本政府①
（少ない公務員、少ない人件費支出）

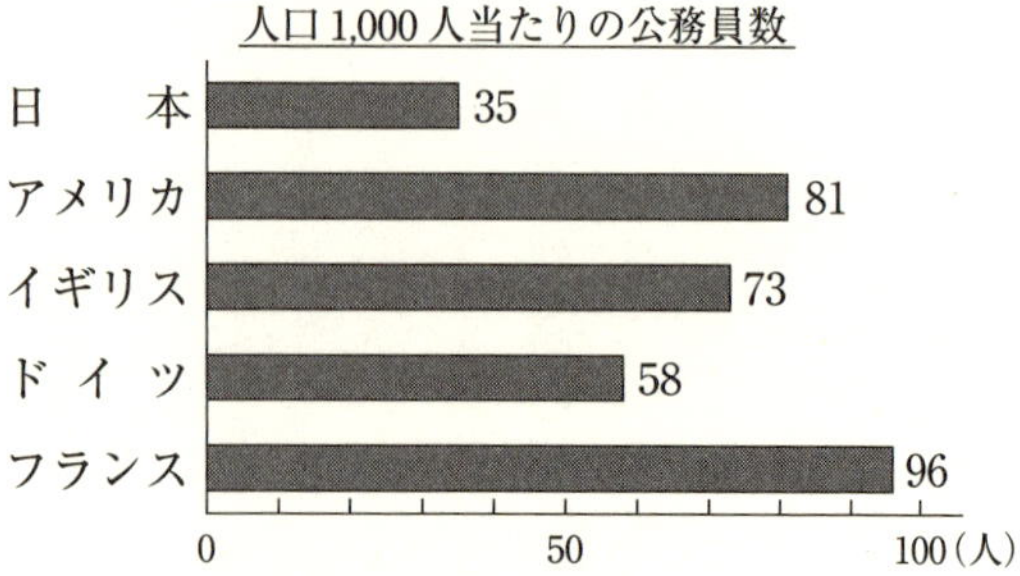

（注）　中央・地方政府職員、政府企業職員を含む
（資料）　総務省（経済財政諮問会議提出資料）

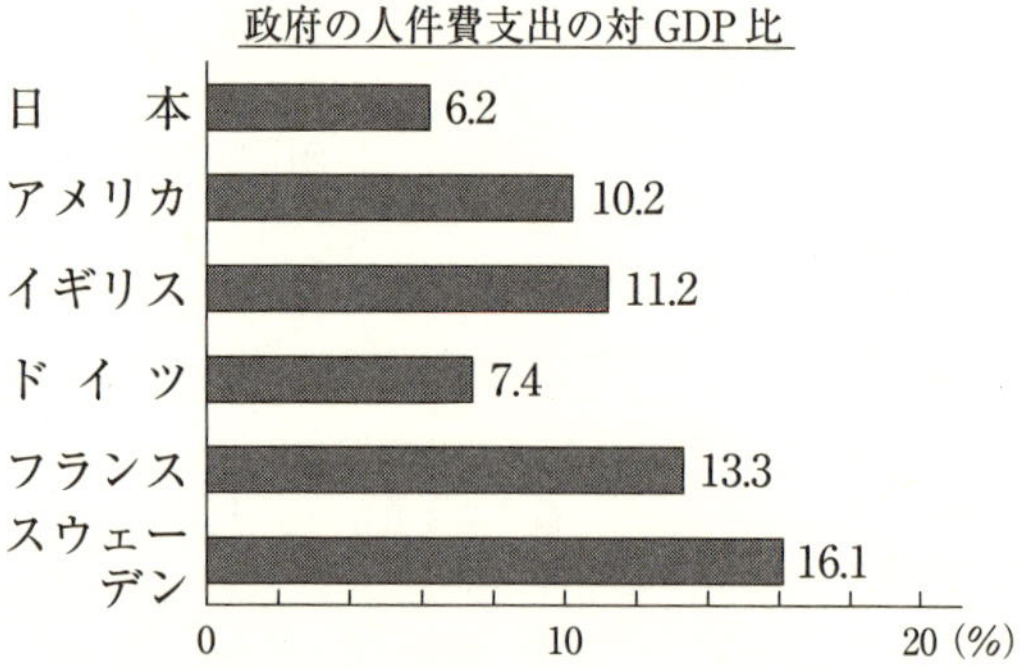

（注）　地方政府を含む。2006 年。
（資料）　財務省ホームページ

件費）もきわめて少ない国です。

第二に、政府の使っているお金の額です（図15－2）。政府支出の経済規模（ＧＤＰ）に対する比率を見ますと、日本は30％台、経済大国の中ではアメリカと並ぶ低さです。ヨーロッパ諸国の大半は50％前後で、スウェーデンなどは60％に近いところです。政府の経済に係わる度合が先進国中では最も低い国の一つ、それが日本です。

どの分野での係わり方が低いのでしょうか。政府支出を四項目に大別して、それぞれの支出額の対ＧＤＰ比をヨーロッパ主要国と比較してみますと（図15－3）、経済・公共関係（要するに公共投資）だけは日本の支出額が多い、その他は、一般サービスにしろ、文化・教育にしろ、保健・社会保障にしろ日本の政府支出は少ない、という結果になっています。保健・社会保障支出などは、フランス、ドイツのおよそ三分の二です。

第三に、政府の集めているお金、逆から見ますと、国民の負担しているお金の額です（図15－4）。国民負担（税金と社会保険料）の国民所得に対する比率でこれを見ますと、日本は40％をわずかですが下回り（39・7％）アメリカに次ぐ低さです。ヨーロッパ諸国は50％から60％、デンマーク、スウェーデンなどは70％を超えています。先進国中アメリ

図 15–2　小さな日本政府②
（少ない政府支出）

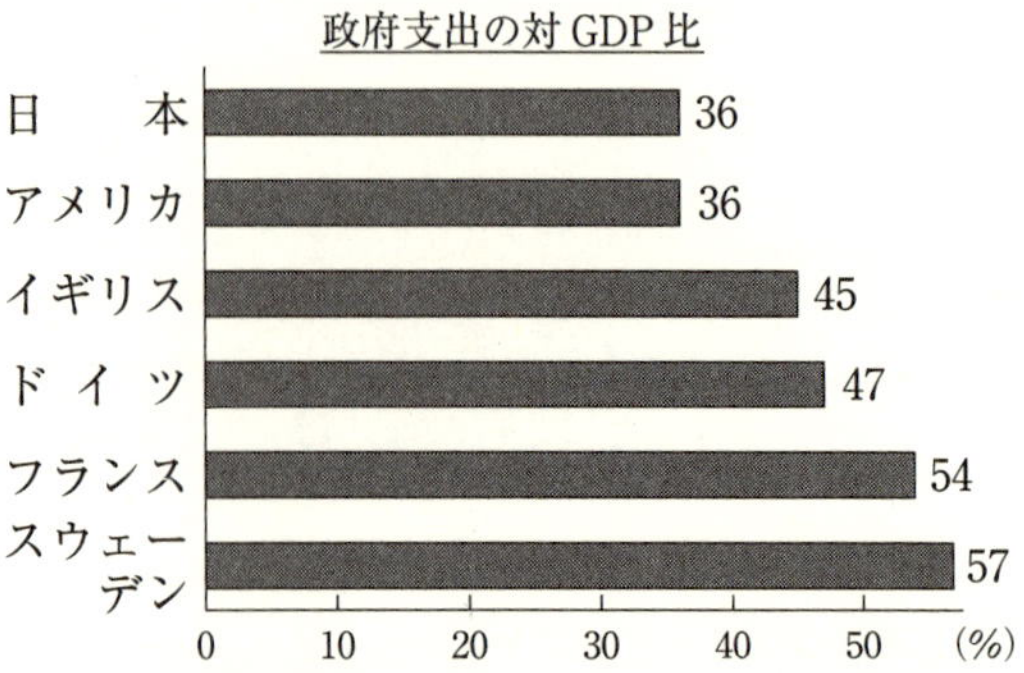

（注）2005 年（資料）財務省ホームページ

カと並んで最も国民負担率の低い国、それが日本、ということです。

こうした事実をどう解釈すべきでしょうか。

日本の政府はきわめて簡素で効率的な政府である、と評価すべきでしょうか。しかし、そうだとすると、そうした政府を、さらに簡素で効率的にする余地がなおあるのだろうかと、ただちに疑問が浮かんできます。一体、ヨーロッパの政府は、あるいはアメリカの公務員は何をやっているのだろう、国民がこうした政府をよくも許容しているものだ、という疑問も出てきます。

私の解釈はそうではありません。日本の

図 15-3　経済・公共関係以外の政府支出は少ない日本

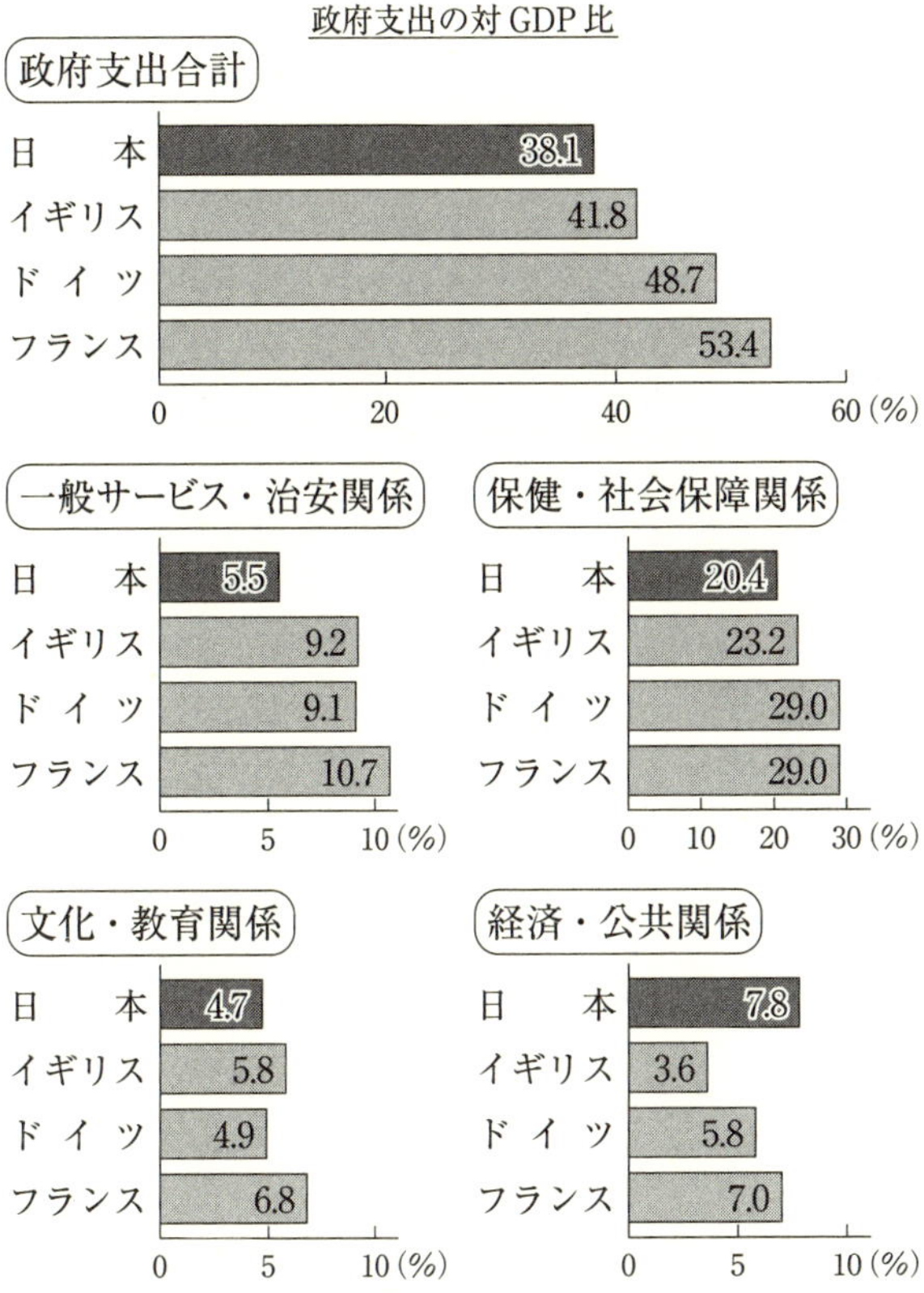

(注)　2002 年（資料）　内閣府「経済財政白書（2005 年版）」

図15-4　小さな日本政府③
（少ない国民負担）

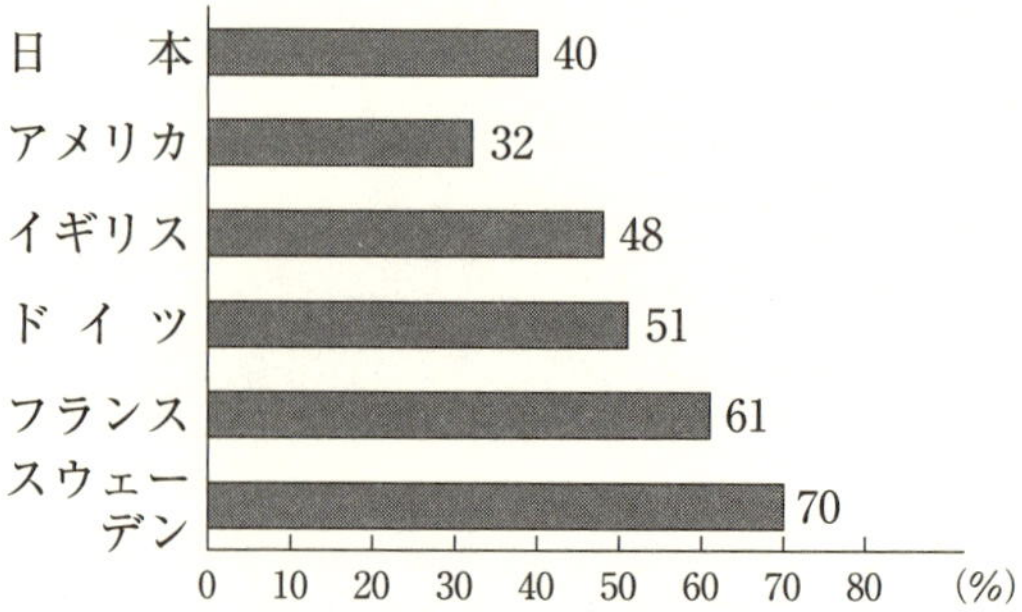

（注）1. 国民負担率＝租税負担＋社会保険料負担/国民所得
2. 日本は2007年度見通し。その他は2004年実績。
（資料）財務省ホームページ

政府はきちんとした政府の仕事をしていない、ヨーロッパの政府がごく当たり前のこととしてやっているような仕事をしていない、だから、使うお金の額が（従って集めるお金の額も）少なくて済んでいる、公務員の数も少なくて済んでいる、と解釈するのです。加えて、公務員については、欧米に比べて過重な仕事を与えられており、多忙を極めている、と解釈できるかもしれません。

この解釈を裏づける資料が幾つかあります。

例えば、社会保障の給付費です（図15－5）。年金、医療はともかくとして、福

図 15-5　日本政府は福祉関連の支出が少ない

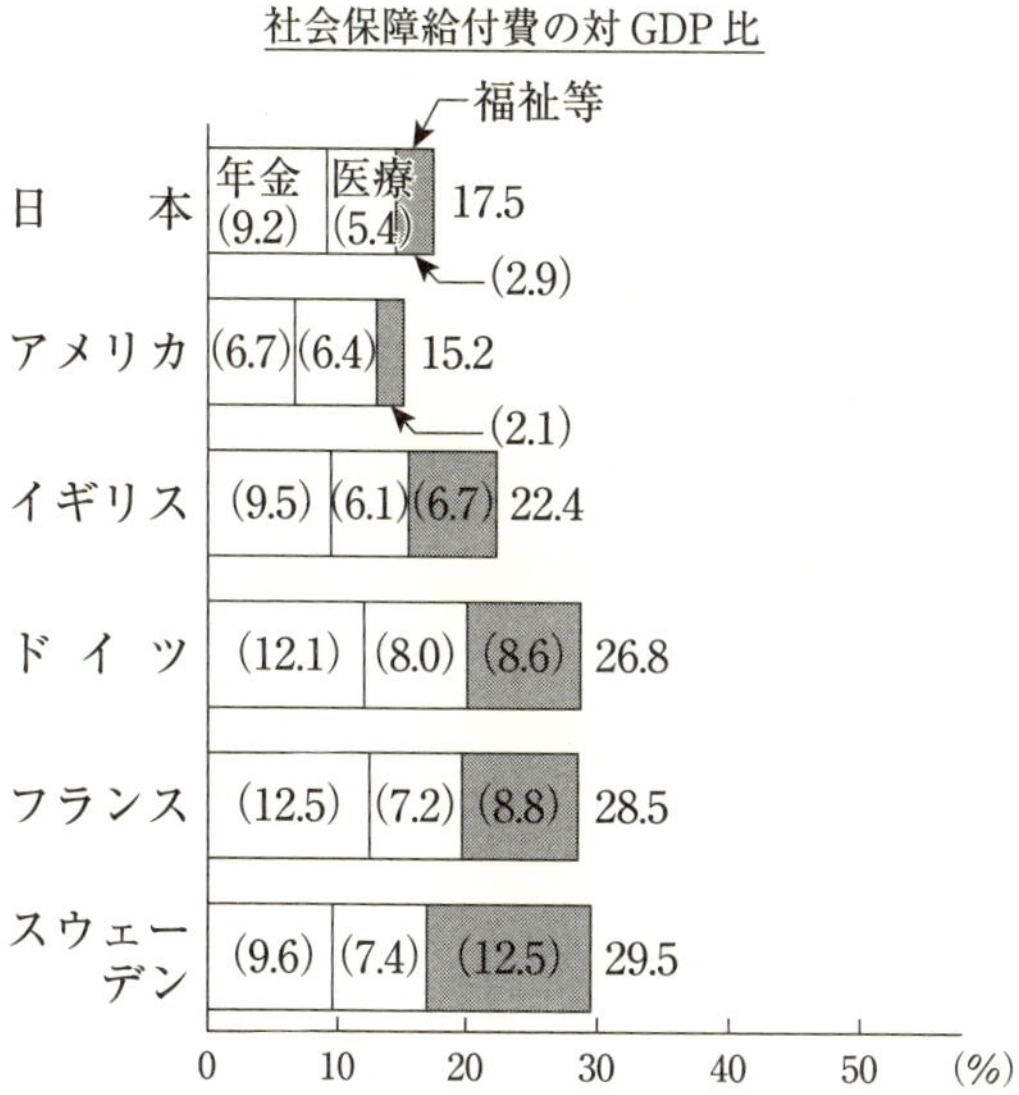

(注)　日本は 2006 年度。その他は 2001 年。
(資料)　厚生労働省「社会保障の給付と負担の見通し」

祉関係の支出について、対GDP比で見ての日本の低さが目立ちます（もとより、アメリカも低いのですが）。介護を必要とする人々や生活保護関連の支出がここに入りますが、日本はイギリスの半分以下、ドイツ、フランスの三分の一、スウェーデンの四分の一に止まっています。福祉サービスの分野において、日本政府はそれだけ貧困なサービスしか提供していない、ということです。

教育についても、見やすい例があります。小・中学校、一学級当たりの生徒数です。OECDの統計によりますと、日本は一学級30人前後、欧米主要国は20人前後です。日本の子どもたちは先生の三〇分の一のサービスしか受けていない、欧米主要国の子どもたちは二〇分の一のサービスを受けている、ということです。

福祉や教育の分野は人手を要する分野です。この分野での日本政府のサービスが乏しいということは、日本の公務員の数が少ない理由をも説明してくれる、というものです。同時に、この分野で働く公務員の仕事が厳しいだろうことも……。

こうした現状を見ますと、日本政府を、必要なサービスをきちんと提供してくれるという意味での「大きな政府」にする必要性が見えてきこそすれ、「小さな政府」にしなければばならない理由は、まるで見えてきません。

第十六話　なぜ「小さな政府」がいいとするのか、政府が説明するその理由についての話。あわせて、その理由はきわめて根拠薄弱である、という話

日本政府は、先進国の中でもきわめて小さな政府です。その小さな政府を、なぜ一段と「小さな政府」にしようとしているのでしょうか。

今は小さな政府でも、放っておくと大きな政府になってしまう、だから今のうちから手につけて、というのでしょうか?

そうではありません。

内閣府が二〇〇四年に発表した「日本21世紀ビジョン」を見ますと、二〇三〇年度の日本政府は「財政放置ケース」だと、政府支出の対GDP比は48%、国民負担率は58%にな

る、と予測しています。（表16－1）。現状よりもかなり大きな政府となるわけですが、それでも、政府支出の対GDP比は現在のドイツとほとんど同じ、国民負担率は現在のフランス以下です（図15－2、図15－4参照）。さして大きな政府になるわけではないのです。

それにもかかわらず、なぜ「小さな政府」なのでしょうか。

「小さな政府」が良いとする三つの理由

この点について、政府はほとんど何も説明していません。「簡素で効率的な政府を実現するための……法律」に関する説明を見ても、「国際化、情報化、人口構造の変化等経済社会情勢の変化の中……国際競争力を強化し、豊かで安心して暮らすことのできる社会を実現するために……」とあるだけです。これでは何の説明にもなっていません。「豊かで安心して暮らすことのできる社会を実現するために」、「小さな政府が不可欠だ」と説明されて、理解でき、納得できる人はいないでしょう。

辛うじて、「小さな政府」を目指す理由を、それとははっきり断らないままに説明しているると見られるのが、「経済財政白書（二〇〇五年版）」、その第二章「官から民へ――政府

表16-1　将来もそんなに大きな政府にはならない
（「日本21世紀ビジョン」専門調査会報告書から）

	2005年度	2030年度		
		歳出抑制ケース	歳出維持・国民負担増ケース	（参考）財政放置ケース
一般政府支出規模対GDP比（%程度）	37	36	41	48
潜在的国民負担率対NI比（%程度）	44	44	50	58
国と地方の基礎的財政収支対GDP比（%程度）	▲4	2	2	▲4
一般政府貯蓄投資差額対GDP比（%程度）	▲7	▲1	▲2	▲11
公債等残高対GDP比（%程度）	142	131	119	234
名目GDP（兆円程度）	512	1,269	1,367	1,374

（資料）　内閣府編「日本21世紀ビジョン」

部門の再構築とその課題」です。

そこに――必ずしも明確に整理して書かれているわけではないのですが――挙げられている「小さな政府」を目指す理由は、三つです。

一つは、「小さな政府」の方が経済成長率が高まる、ということです。二つは、国民がそれを望んでいる、ということです。三つは、官より民の方が生産性が高い、ということです。

順に見て行きましょう。


「小さな政府」は経済成長に寄与?!


まず、「小さな政府」の方が経済成長率が高まる、ということについてです。そもそも、政府の大きさを決めるのに、経済成長にどれだけ寄与するかを判断の根拠にする、そのこと自体に問題があります。また、経済が成長するのはいいことかどうか、そのことにも問題があります。しかし、今は、そのことはおきましょう。

「小さな政府」の方が経済成長率が高まるという、そのことを、「白書」は、ＯＥＣＤに加盟している国々（先進国、およそ三〇）の、一九八八年から二〇〇三年までつごう十六年間のデータ（全部で四二〇のデータ）をもとにしてみると、証明できた、としています。

政府支出が対GDP比で1％小さいと、実質経済成長率は0.2％高い、という関係が見出せた、というのです。

もっともらしい説明ですが、ただちにいくつかの疑問が出てきます。まず、四二〇というデータ数の、とんでもない多さです。二つの数字（この場合は政府の大きさと成長率）の関係を見るためには、ある程度の数のデータが必要ですが、それにしても四二〇というデータは膨大です。それだけのデータを集めて、やっと関係が見出せた、ということでしょう。

次に、一九八八年から二〇〇三年という期間も問題です。この期間は、EUの通貨統合が進められた一九九〇年代を含みます（一九九一年、方針について合意、九九年ユーロ発足）。この間、OECD加盟国の半数以上を占めるヨーロッパ諸国においては、通貨統合に参加するためには財政赤字を縮小させることが必要で、各国ともに歳出の削減に努めました。一方で、統合後のＥＵ経済の発展を見越してのＥＵへの投資が活発で、各国の経済成長率は高まりました。つまり、政府支出の削減と、経済成長率の高まりとが、同時に起こったのです。二つの数字に相関があったとしても、前者が因であり、後者が果であった、というわけではありません。

このように、問題の多い説明式を根拠に、「小さな政府」は経済成長率を高める、と「白書」は説いているわけですが、もう一つ問題があります。証明式が何を意味しているか、ということです。

政府支出の対ＧＤＰ比で１％という数字は日本にあてはめますと、約五兆円です。五兆円政府支出を減らすと、経済成長率は0.2％高まりますよ、と先の式は言っているわけです。

五兆円の政府支出の削減という数字はかなりの数字です。日本政府（国）の一般会計の支出は約五〇兆円（地方交付税と国債費を除く）です。その一割を削減して、経済成長率が0.2％、ということはほとんど目に見えないほどの成長率の高まりですが、それだけの成長率の高まりが期待できます、といっているわけです。

「ぜひ小さな政府を」「何としても小さな政府を」と主張できるような説明にはなっていない、と言うべきでしょう。

国民は「小さな政府」を望んでいるか

次に、国民が「小さな政府」を望んでいる、ということについてです。

この点について、「白書」はアンケート調査の結果を紹介しています（図16－1）。国民の73％が「国民負担率50％程度」という政府の目標を「大きすぎる」と答えている、というのです。政府の大きさは、「最終的には国民の選択によるものであるから」、国民がこう思っている以上、「小さな政府」を目指すべきである、と「白書」は言いたげですが、この理由づけにも問題があります。

全国二〇〇〇世帯（回答一一一八世帯）の小さなアンケート調査の結果でそれを言っていいのかという問題はともかくとして、アンケートの内容の問題です。

設問①、②とその回答で分かりますように、アンケートの回答者の大半は、国民負担率の現状についても、政府の目標についても、知っていません。その知らない人々が、「国

図 16–1　国民は「小さな政府」を望んでいる？

国民負担についてのアンケート調査結果

①潜在的国民負担率が現在約 45％であることを知っていますか。

（単位：％）

②将来の潜在的国民負担率が 50％台後半まで上昇する見通しであることを知っていますか。

（単位：％）

③高齢化のピーク時でも潜在的国民負担率を 50％程度に抑制するとの政府の目標は適当だと思いますか。

（単位：％）

（注）　無作為抽出による全国 2000 世帯に対するアンケート調査（回収 1118 世帯）。

（資料）　内閣府「経済財政白書（2005 年版）」

民負担率50%程度は大きすぎる」と回答したからといって、それが「小さな政府」を目指す根拠になるでしょうか。

仮りに、設問②と③との間に、「ヨーロッパ諸国の国民負担率は50%台から60%台、スウェーデンは70%台であることを知っていますか」という問いを加えてみたらどうでしょう。50%という政府目標に関して「大きすぎる」という回答は、かなり減るのではないでしょうか?

官よりも民の方が生産性が高い!?

第三に、官より民の方が生産性が高い、ということについてです。

「白書」は、病院、訪問介護、保育所について、官と民を比較し、民の方が生産性が高い、という試算結果を紹介しています（図16-2）。だから、これらの仕事は民に任せて、官は手を引いた方がいい、「小さな政府」の方がいい、と主張しているわけです。

ただし、本当にそう言えるのでしょうか。図に付けられた生産性の定義を見ますと、医療は、一か月当たりの患者数を労働（お医者さんや看護師さんの数? もしくはその給料

図 16–2　民の方が生産性が高い？

病院、訪問介護、保育所における官民の生産性格差

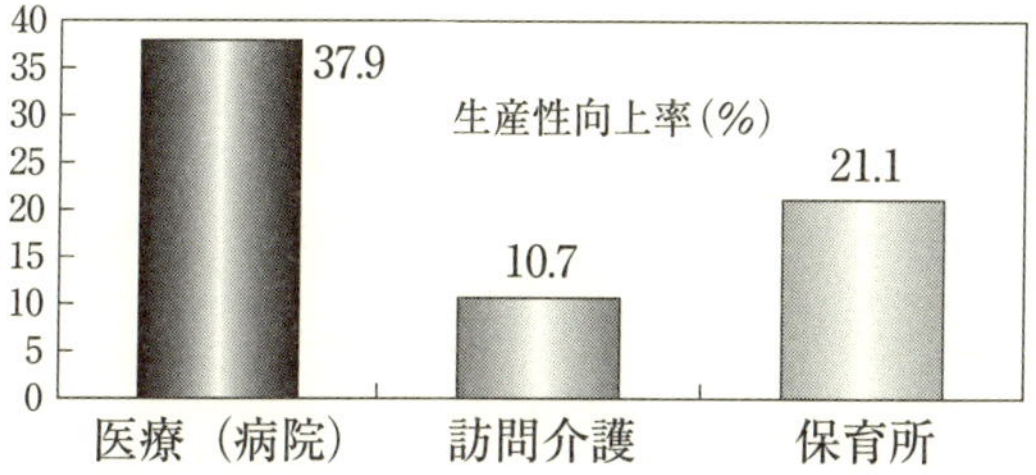

分野	生産性定義
医療（病院）	「生産量＝1ヶ月当たり患者数」と定義し、労働と資本を生産要素として生産効率差を推計。
訪問介護	「総費用/介護収入比率」を経営主体別に見た場合、最も低い営利法人の比率を他にも適用することにより費用削減率を試算。
保育所	「生産量＝利用児童数×開所時間数」と定義し、労働と資本を生産要素として生産効率差を推計。

（注）　民の方が官に比べ、どのくらい生産性が高いか、という比率

（資料）　内閣府「経済財政白書（2005 年版）」

総額?)と資本(病院の施設や機械への投資額?)で割ったもの、とされています。保育所も同様で、利用児童数×開所時間数を労働と資本で割ったもの、訪問介護は総費用割る介護収入、とされています。

　要するに、人件費や経費を抑えるほどに、加えて、安上がりの設備を使うほどに生産性は高くなる、また、乱診乱療をするほどに、たくさんの児童を長時間受け入れるほどに、生産性は高く出る、そうして計算した生産性は民の方が官よりも高い、といっているのです。

　もっとも大切なサービス内容を問わないで、民の方が生産性が高い、だから官の仕事を民に、「小さな政府」に、と言っていいものでしょうか。

　とんでもない問題が起こってきそうです。

第十七話　「小さな政府」は「(国民の自己負担の)大きな政府」をもたらし、人々の生存権を侵す、という話。あわせて、それでも「小さな政府」を目指すのはなぜだろうか、という話

「小さな政府」は、すでに、いろんな面でとんでもない事故を起こしています。私たちの記憶に新しいところでは、JR西日本の尼崎での大事故がありました。収益を最優先しての過密ダイヤの設定、コスト削減のための事故防止対策の軽視等が背景にあり、さらにその背景に民営化の問題があります。

埼玉県ふじみ野市では、市営プールで吸水口のふたがはずれていて女児が死亡するという事故もありました。プールの管理は、民間業者に委託されていました。

人身事故にまでは至っていませんが、建築偽装の問題もありました。建築確認事務を民間委託にしたことが背景にあります。訪問介護最大手のコムスンの介護報酬不正請求事件もありました。介護保険制度導入に向けたモデル事業第一号に厚生労働省から指定された業者、「介護は有望市場」として事業を拡大させた業者による不正行為でした。

生活の不便、不安、そして生存権が侵される

「小さな政府」を標榜しての、政府サービスの圧縮、民営化、民間委託等は、人々の暮らしにどう影響するのでしょうか。

まず、生じることは、サービスの切りつめや質の低下が起こり、生活が不便になることです。

国鉄の民営化に伴い、地方路線の多くが廃線となりました。地元自治体などの努力もあり、第三セクターなどの手で維持された路線もありますが、その経営は火の車で、いつ廃止されるかわかりません。JRが引き継いだ路線でも、地方では、ダイヤが不便になったり、割高の特急ばかりが走って実質値上げに近い状況になったりしています。

次は、おそらく郵便についても同様のことが起こるでしょう。

保育園なども、多くの自治体で、民営化や民間委託が進められており、経験豊かな（従って給与の高い）保育士に代えて、資格を取りたての、一年から三年までの短期雇用契約の（従って、給料の安い）保育士による保育が行われるようになっています。保育サービスの質が、それだけ低下している、と言っていいでしょう。

単に、生活が不便になるだけではありません。「小さな政府」は、生活の不便と同時に生活の不安をもたらします。

事故の不安については、言うまでもありません。採算重視の民間では、ややもすると事故対策は手抜きになりがちです。

将来の不安、ということがあります。年金や医療、介護、福祉などのサービスの切り詰めは、将来の不安を高めます。また、事業が民間主体となれば、いつ必要なサービスが途切れるか、といった不安もあります。民間保育園が突如廃止となった、という例がありま す。コムスンが事業からの撤退を決めた時、そのサービスをどこが引き継ぐか、相当に困難な問題がありました。

しかし、不便、不安はまだまし、と言うべきかもしれません。「小さな政府」がもたらすものはそれにとどまらず、人々の暮らしそのものを成り立たせなくなる、憲法二五条で保障されている人々の生存権が侵される、ということがあります。

医療保険制度の「改正」で、病気になっても医者にかかれない人が出てきているとみられる状況については先に見ました（第十二話）。介護保険制度の「改正」で、介護サービスの給付を制限され、自己負担でベッドなどを購入、もしくは賃借せざるをえない人が出てきています。生活保護の申請を断られ、餓死したり（北九州）、憤死したり（秋田）する人も出ています。

一方で、医療保険制度や介護保険制度の「改正」で報酬が切り下げられ、看護師さんや介護労働者たちの暮らしも厳しくなっています。

にもかかわらず、と言うべきでしょう。「小さな政府」を目指す政策のもと、医療保険も介護保険も、一層のサービスの切り下げ（給付の内容・範囲の見直し）と報酬の引き下げが計画されているのです。

政府サービスが圧縮されたり、質が低下したりすれば、そのサービスを必要とする人は自費でそれを補わなければなりません。

「小さな政府」を目指すということは、言い換えれば、「（国民の自己負担の）大きな政府」にする、ということなのです。

「小さな政府」を目指す本当の理由、二つ

数々の、由々しい問題があるにもかかわらず、なぜ「小さな政府」なのでしょうか。

先に（第十六話）で見た政府の言い分は、たぶん、タテマエとしての、オモテの言い分です。

「小さな政府」の方が経済成長にプラスである――政府のだれも（「白書」の執筆者でも、たぶん）、この命題がまちがいないとは思っていないでしょう。言い切るには無理がある、本音は半信半疑、といったところでしょうか。

「小さな政府」を国民が望んでいる――たとえ国民が望んでいなくても、やらねばならないと思ったことはやる、それが、小泉・安倍内閣の政治姿勢でした。郵政民営化然り、イラク派兵もそうでした。

官よりも民の方が生産性が高い――これはケース・バイ・ケースでしょう。官の方が生産性が高かった、という実験結果もあります（表17―1）。

そうした、タテマエの、オモテの理由ではなくて、ホンネの、ウラの理由が二つあります。

一つは、「小さな政府」の方が企業のためになる、企業が儲かるような経済構造にするという「構造改革」の趣旨（第八話参照）にかなう、ということです。

第一に、「小さな政府」は民間企業の商売を増やします。民営化された企業に投資して稼ぐことができますし（JR各社の大株主は金融機関です。海外の株主もかなりいます）、事業を委託されればそこで稼ぐこともできます。医療保険のスリム化は、民間保険会社、とくに外資系保険会社の、第三分野（疾病、入院保険など）での商売を著しく拡大させました。

第二に、「小さな政府」は、企業の税や社会保険料負担を軽くします。少なくとも、自然体でいけば増えていくであろう負担増加に歯止めをかけます。法人税率を一段と引き下げてもらいたいと希望している経済界の要求（第十四話）が通りやすくなります。ヨーロ

表17-1　民よりも官の方が良かった実例

就職率やコスト
「官が民を上回る」
厚生省の市場化テスト

厚生労働省は1日、2005年度の市場化テストの結果を発表した。市場化テストを導入した最初の年度で、失業中の中高年の再就職を支援する「キャリア交流プラザ」など3つの事業を民間開放したが、就職率やコスト面などで官の側に軍配が上がったとしている。(2007. 6. 2. 日経)

求人開拓事業の実績

官・民の別	実施地域	開拓求人数	充足数	充足率	正社員求人の割合
民	札幌	7,550人	1,296人	17.2%	24.0%
民	福岡北九州	5,357人	846人	15.8%	38.8%
官	神戸	8,324人	2,588人	31.1%	56.5%

求人開拓事業の経費

官・民の別	実施地域	経費		開拓求人数1人当たり経費	充足求人数1人当たり経費
		委託費	監督費		
民	札幌	3,885万円	18.9万円	5,200円	30,100円
民	福岡北九州	3,990万円	27万円	7,500円	47,500円
官	神戸	3,431.7万円		4,100円	13,300円

(注) 1. 雇用失業情勢が厳しい地域における求人開拓のため2005年度に実施した事業。
2. 全国77地域のうち、3地域を民間委託。うち、2地域を、国が実施した地域のうち、類似した地域を選び比較したもの。
3. 他の民間実施1地域（秋田中央）についても、実績は官の類似地域に劣り、コストは官を上回る。

(資料) 厚生労働省

ッパの主要国に比べて低い社会保険料負担（図17－1）を根拠に、保険料負担を引き上げるべしという声の出てくるのを防ぐことになります。

「小さな政府」を目指すホンネの、ウラの理由のいま一つは、財政再建政策からの要請です。

小泉内閣がその末期に打ち出し、安倍内閣がそのまま踏襲し、福田内閣がこれ又、そのまま引き継ぐとした財政再建の当面の政策は、「二〇一一年度の基礎的財政収支を黒字にする」という政策です（第十四話）。そのためには一六・五兆円の収支改善が必要である、うち、できれば一四・三兆円を、できなくても一一・四兆円を歳出削減で生み出す、残り、二・二兆円ないし五・一兆円を増税で賄う、というのが小泉内閣が二〇〇六年に示した方針でした。

一一兆円ないしは一四兆円の歳出削減が必要、ということは、それだけ「小さな政府」にすることが必要、ということです。

だから、なりふりかまわず、人々の暮らしにどういう問題が生じようと、ともかく「小さな政府」を、というのですが、それでいいのでしょうか。

図 17-1　日本企業の社会保険料負担率は、大陸ヨーロッパ諸国に比べ低い

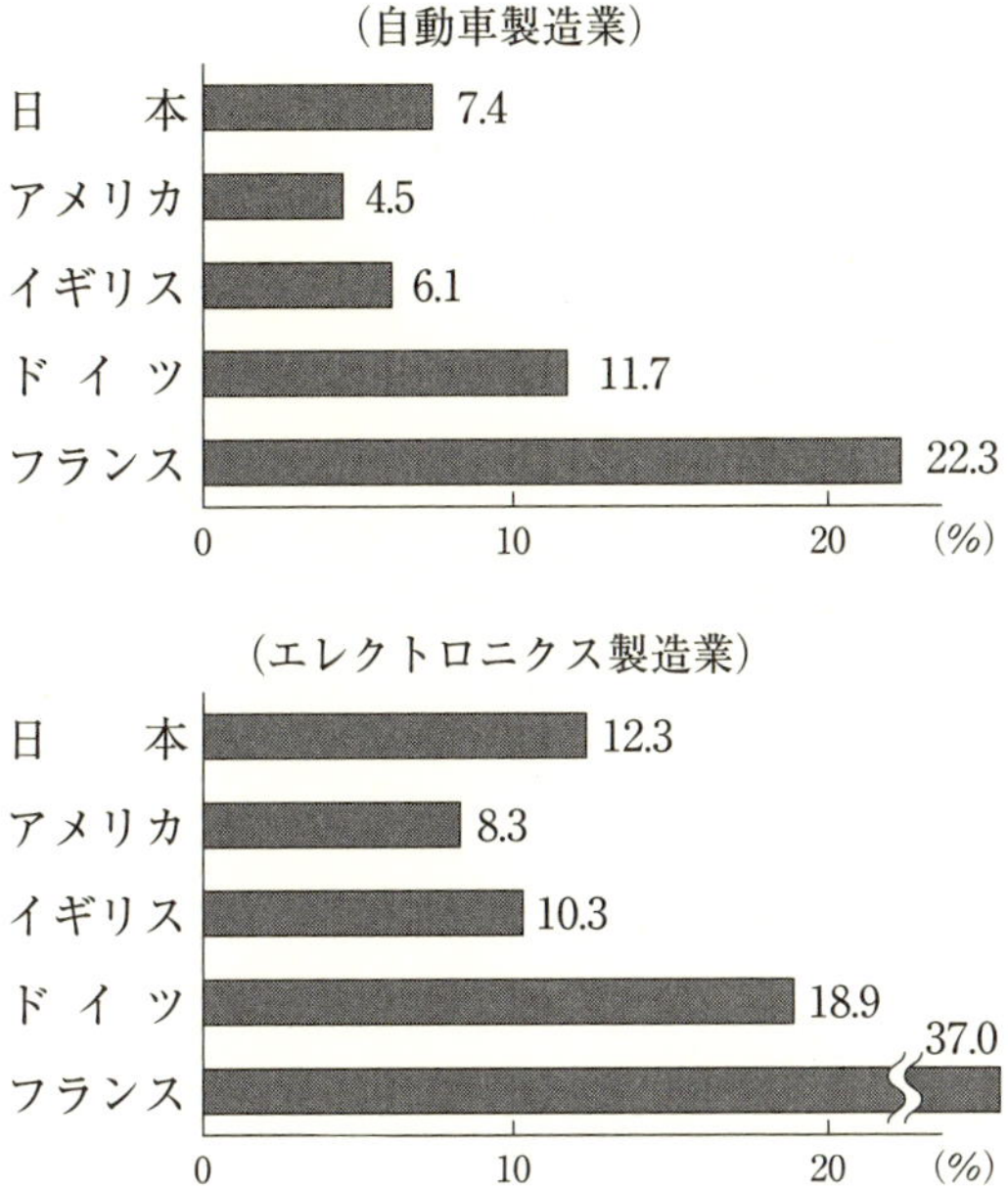

（注）　社会保障負担/総売上から社会保障負担以外の費用を引いた額、として算出

（資料）　財務省（税制調査会提出資料）

第十八話　社会保障サービスの「小さな政府」にしなくても財政再建は可能である、という話。あわせて、国民負担の増加は必要だが、消費税の増税はしなくてもいい、という話

政府が目指している「小さな政府」は、社会保障など人々の生活に必要不可欠な政府サービスを削減する、その分、国民の自己負担の「大きな政府」にする、というものです。そうしなければ財政再建ができない、というのですが、それは本当でしょうか。

まず、財政再建について考えてみましょう。

図 18–1　基礎的財政収支の黒字化とは

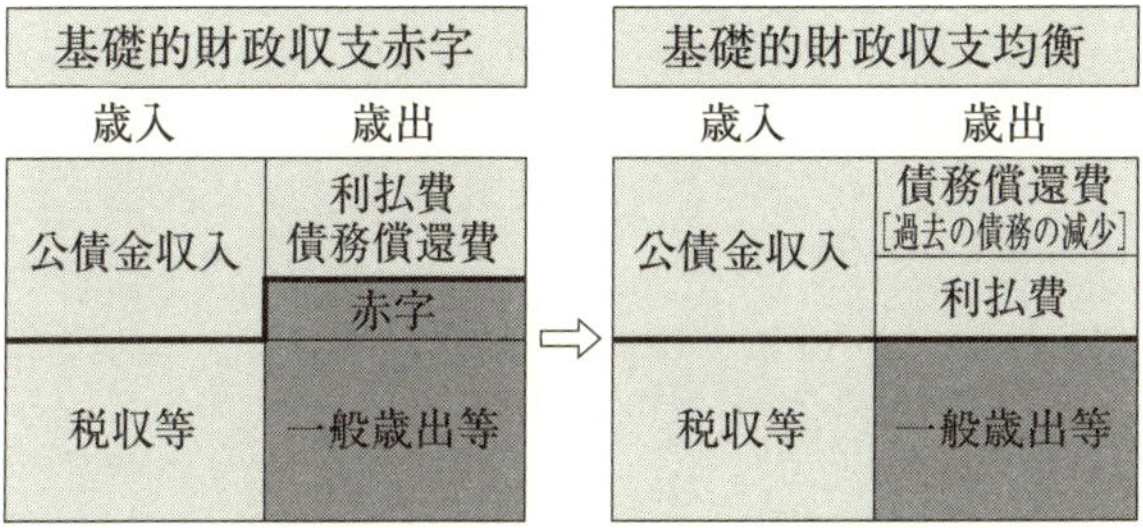

（資料）　財務省ホームページ

軍事的に「小さな政府」を目指す道も

二〇一一年度に基礎的財政収支を黒字にするという目標は、小泉政権が掲げ、安倍政権に受け継がれ、福田政権もまたその達成を目指す、としている政策です。

基礎的財政収支を黒字にするとはどういうことでしょう。政府はこれを「政策的支出を、新たな借金に頼らずに、その年度の税収等で賄える」状態にすること、と説明しています。

つまり、こういうことです（図18−1）。現状の政府は、一般歳出等（政策支出）を税収等（借金以外の政府収入）で賄えず、一部公債金収入（国債、地方債などといった借金）で賄っています（図18−1の左）。この状態を改め、年々の一般歳出等は税収等で賄うようにする、言い換えれば、公債金収入は借金関係の支払（利払費、償還費）の範囲内に抑えるようにする（図18－1の右）、というのです。二〇一一年度にはそういう状態に持っていく、というのです。

政府は、かねがね、国債残高その他、日本政府の借金の多さを問題にしています。何とか手を打たなければ、と言っているのですが、そうは言っても借金残高を減らすことには手がつけられません。そこで、とりあえずの目標として、年々、借金残高が増えていくことには歯止めをかけるようにしようという、基礎的財政収支を黒字化するという政策は、そういう政策です。

二〇一一年度という目標年度が適切かどうかということを抜きにして言えば、この目標自体はよかろう、と私は考えます。そして、この目標を達成するためには、一般歳出を抑えるか（すなわち「小さな政府」にするか）、税収等を増やすか、その二つしか道がないことも確かです。

ここまではいいのですが、問題はその手段です。第一に、「小さな政府」にするために、もっぱら社会保障関係、もしくは福祉に関連する支出を削ろうとしている、第二に、税収等を増やす手段としては、もっぱら消費税率の引き上げを考えている、そのことが問題です。

「小さな政府」と言うなら、軍事的に小さな政府、というのはどうでしょうか。日本の軍事支出は年間およそ五兆円です。アメリカに次いで、イギリス、フランスなどと並んで世界で二番目に多く軍備にお金を使っています。戦闘機を買い、軍艦を買い、戦車を買い、武器弾薬を買う、多くの若者たちを集めて軍事教練をする——、そんなことのために、年々、巨額のお金が使われています。そんな支出の必要のない国を目指す、周りの国々と仲よくできるように外交努力をする、それによって軍事費を減らし、財政赤字を少なくするべきだと思います。

公共投資（二〇〇六年度、一九兆円）についても、もっと小さな政府にしていいはずです。何せ、この分野だけは、日本は先進国の中でも大きな政府なのですから（図15−3参照）。環境の点などから問題の多い公共事業、投資効果がさほど期待できない公共事業等、削れるはずの大型公共事業は多いはずです。

負担能力十分の大企業、高額所得者

税収等を増やすことについてはどうでしょうか。

日本の国民負担率が、先進国の中ではきわめて低い状況（図15－4参照）を考えますと、福祉政策の充実を願う立場からすると、もっと国民負担を増やすことは必要だと考えます。ただし、だから消費税率を引き上げるべし、ということにはなりません。

税その他、国民負担のあり方についての、もっとも大切な原則は、負担能力に応じて負担する、ということです。国民負担の増加が必要ということであれば、それは、負担能力の高いところから順に負担してもらう必要があります。

負担能力のあるところ、それはまず、史上最高の利益を挙げている企業、とりわけ大企業です。法人企業の年間利益の総額（利益計上法人の益金処分額）と、納めた法人税額を比較してみましょう（図18－2）。利益の方は、一九九五年度の三四兆円から二〇〇五年度の四八兆円へ、一四兆円増えています。これに対して納めた法人税の額はともに一一兆円、全く増えていないのです。その差額はどこへ行ったのでしょうか。社内留保と配当金へ、です。社内留保などは、一一兆円から二三兆円へ、一二兆円増えています。

図 18–2　法人企業の利益とその処分

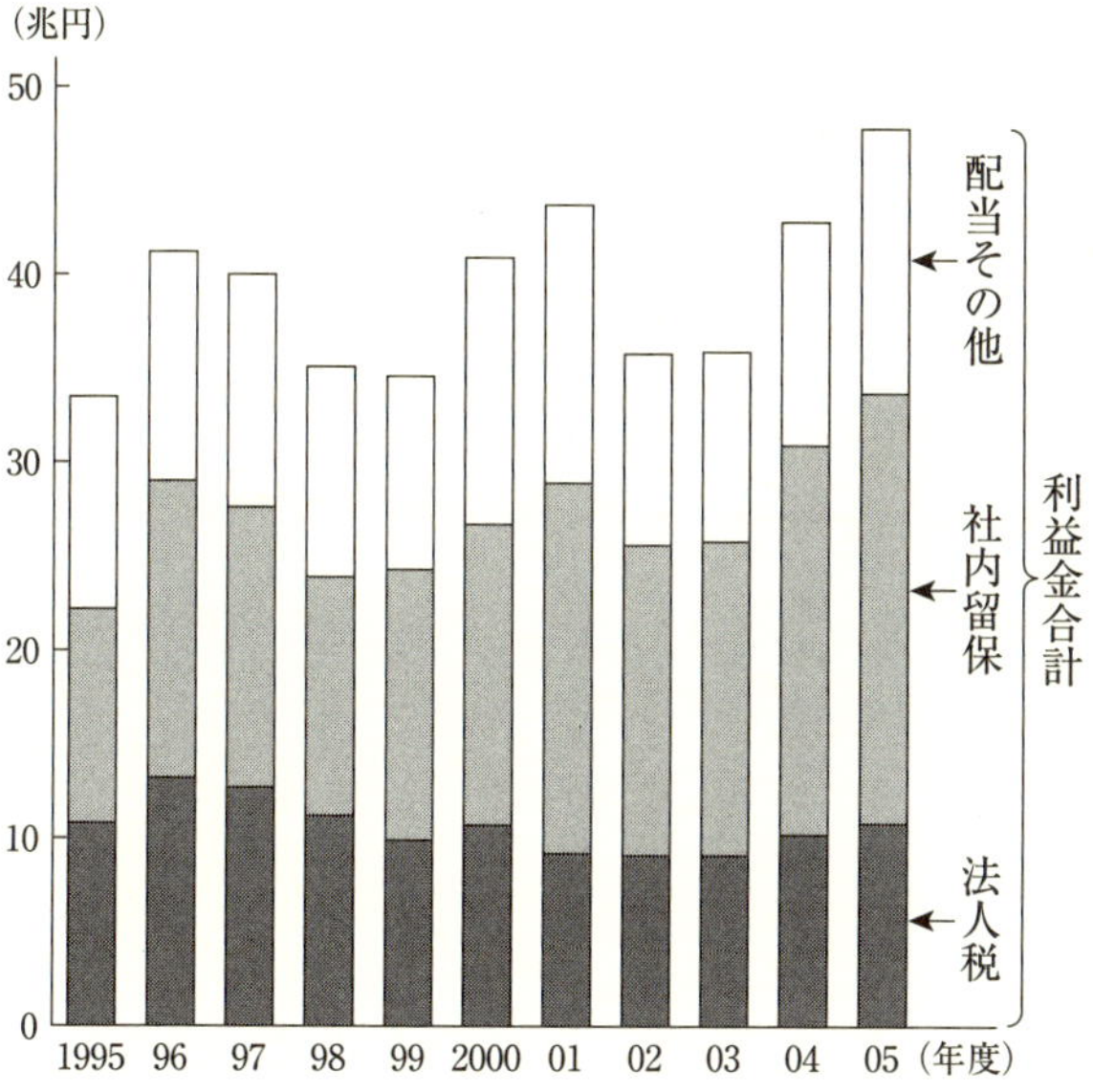

(資料)　国税庁「税務統計から見た法人企業の実態」

仮りに法人税の負担率（法人税額／利益金）が一九九五年度と同じ（32％）であったとして二〇〇五年度の法人税額を計算してみますと、一五兆円となります。最低でもあと四兆円は負担してもらってもよかったでしょう。その分、社内留保が減ったとしても、二〇〇五年度のそれは一九兆円となり、一九九五年度比八兆円、70％以上の増加となるのですから。

そうしても、国際競争力にはさほど問題がないだろうということは、すでに第四話で見ました。

負担能力のあるところの第二は、高額所得者です。所得税は、一定金額を超えるとその超えた分については税率が高くなる、さらに所得が多いとその部分については税率が高くなる、といった累進税制となっています。税の負担能力からいって当然の制度ですが、問題はその累進度が、過去二〇年ほどの間に大きく緩和されてきていることです。一九八六年、最高税率は所得税について70％、地方住民税を合わせると88％でした。今は50％（所得税40％、住民税10％）です。いきなり二〇年前の税率に、とまでは言いませんが、もっと負担してもらってもいいでしょう。

あとひとつ、多額の預金を持っていたり、株式を持っていたりして、多額の利息収入や配当収入、株式売却収入のある人にも負担能力は十分です。とくに、株式配当や売却益に対しては、現状、10％の税金を収めればよろしい、という制度になっています。能力相応に負担してもらいましょう。

負担能力に応じた負担という税の大原則に照らしてみますと、消費税は最悪の税制です。所得のない人、乏しい人にも一律の負担を強いる税です。所得の多い人は、かなりの部分を貯蓄とか投資とかに回しますから、その分消費税はかかりません。所得（＝負担能力）に対する負担率でみると、所得の多い人ほど負担率が低い、となるのです。

福祉の「小さな政府」にしなくても、軍事面で、また公共投資面で「小さな政府」にすることにより、加えて、消費税増税によらなくても、法人税増税や所得税累進税率、株式配当や売却益に対する税率の引き上げで、基礎的財政収支の均衡という、当面の財政再建目標は十分に達成可能です。

終章　今とは違う日本へ

一九九七、九八年頃からのおよそ十年は、さまざまな「構造改革」が行われ、それが人々の暮らしを厳しくした十年でした。賃金が引き下げられ、正社員の口が減り、生活が苦しいと訴える人が増えた十年でした。

これからの十年はどうでしょうか。

日本経済、これから先は？

「構造改革」がさらに行われることには、どうやら歯止めがかけられそうです。二〇〇七年七月の選挙で、参院で野党が多数を占めるという状況が生まれ、「改革」政策が推進しずらくなった、ということがあります。産業界からの、アメリカからの「改革」要望はなお目白押しですが、政府与党にはそれに応える力がありません。

加えて、もう十分に「構造改革」は行われた、日本経済は「企業が儲かる経済構造」になった、ということがあります。これから先は、このままでも、その「構造」の力が働いて、企業は儲かり続けるでしょう。「さらに改革を」という圧力は、これまでに比べ弱くなるだろうということです。このことは、一方で、人々の暮らしは厳しくなり続けると予想される、ということでもあるのですが。

「構造改革」がやりにくくなった、加えてやる必要も薄らいできた、という状況の下で、政府与党が、「構造改革」に代えてこれから力を入れるのは「財政再建」でしょう。

「財政再建」を旗印に、社会保障関連の歳出を大幅に切りつめる、消費税率の引き上げを中心に増税を行う、それがこれからの政府与党が、総力を挙げて実現を図る政策となりそうです。

「財政再建」は、「構造改革」よりも強力な旗印です。この旗印には野党といえども反対できません。誰も、「財政再建」が不要だとは言えない状況があります。

そこで、「財政再建」を旗印に掲げ、そのためには、①社会保障支出を削減するか、②消費税を増税するか、あるいはそれらを合わせて行うか、それしか方法はないとして、野党を、そして国民を納得させること、そのことが政府与党の戦略となりそうです。この戦略なら、最大野党の民主党の理解を得ることができる、と政府与党は踏んでいるようです。ひょっとしたら、国民多数の同意を得ることができる、とも。

そこで、考えるべきことは、そうした「財政再建」政策の実施が、人々の暮らしをどう変えていくか、ということです。

社会保障関係支出の切り詰めを中心とした「小さな政府」を目指す政策が何をもたらすかについては、すでに第十七話で見ました。政府支出の削減とは、人々の暮らしに必要な公共サービスを切り詰めることであり、人々の自己負担を増加させることです。貧しい人々の暮らしを一層貧しくする、という政策です。消費税増税がそれに追い討ちをかける政策であることは言うまでもありません。

要するに、これからの五年、十年、人々の暮らしは、「企業が儲かるような構造」となった日本の経済構造の下で、さらに厳しくなる、それに「財政再建」の旗印の下での「小さな政府」を目指す政策や消費税増税の追い討ちがかかってきて一段と厳しさが増す、ということです。

加えて、海外景気が変調をきたすなどして、また、消費税増税などの影響で、景気が悪くなるということも十分に予想されます。

景気が良くなっても暮らしは良くならなかった、ということがあります。景気が悪くなっても暮らしは良くならず、その点では同じことだ、ということにはおそらくなりません。景気が悪くなったら暮らしは一層厳しくなる、ということが現実に起こることでしょう。

踏んだり蹴ったりとはまさにこのことです。

そうでない未来へと、私たちはこれからの日本を変えていかなければ、救われません。目指すべき未来、踏んだり蹴ったりされる未来ではなく、暮らしがしっかりと成り立つ未来を構想し、その実現に向けて進んでいかなければなりません。

まず、労働環境を整える

まず、必要なことは、労働環境を整えることです。

第一に、一日八時間、週四〇時間（労働基準法の定める上限）、まじめに働けば、きちんと、人間らしい生活のできる賃金が支払われる環境を作り出さなければなりません。

現行のアルバイト、パート、派遣等の賃金はおしなべて低過ぎます。その最低水準を決めている最低賃金も、先進国中最低と言ってもいい低さです。政策として最低賃金の引き上げを図ること（せめて、時給一〇〇〇円へ）が必要です。あわせて全般的な賃上げを図ることが必要で、これは組合、そして働く人々の課題です。同時に、経営者にとっての課題ともなっていることについては第十三話で触れました。

第二に、残業時間（総労働時間）の規制が必要です。ヨーロッパ諸国では、一日当たり、週当たり、月当たり等で残業時間の規制が行われているのが普通です。この点、日本は全くの野放し状態、企業は組合と協定を結びさえすれば、何時間でも従業員を働かせることができます。結果として長時間労働が生じ（図13－5参照）、過労死が生まれたりしています。しっかりと、法律で規制をかけるべきです。

なお、残業代不払（もぐり残業）は論外です。不正を犯した企業やその責任者は厳しく罰するべく法の強化と厳格な運用が必要ですし、企業やその経営者には社会的制裁を課すような風土の育成も必要でしょう。経団連は、不正を犯した企業の経営者を、かなりの期間、役職にはつけない、といった見識を示すべきでしょう（そうすると、現役員はほとんど退陣、ということになってしまいますが）。少なくとも、政府機関の委員（経済財政諮問会議の委員など）は辞任させるべきでしょう。

第三に、雇用の安定の確保が重要です。企業が年間を通じて必要としている仕事については正社員として採用すべしという原則を設け、規制を強化するべきでしょう。限られた期間、限られた時期の仕事についてのみ、アルバイト等の利用を認めることにするべきです。

一日当たりの就労時間の短い、あるいは週のうちの勤務日の少ない正社員がいても別にかまいません。企業の就業規則で、正社員の勤務形態として、フルタイム社員のほかに、そうした社員もあることを認めればいいだけの話です。

社会保障制度の再構築

次に、必要なことは、社会保障制度の再構築です。

失業している人、病気になっている人、高齢の人、介護の必要な人、障害のある人等々が安心して暮らしていけるような社会保障制度を、それぞれの人の立場に立って構築していかなければなりません。

雇用保険、医療保険、年金、介護その他、社会保障制度の再構築が必要であり、福祉施策の拡充が必要であるということです。

「構造改革」の下で、日本の社会保障制度は、もっぱらその費用を負担する側の立場に立って、負担が過度にならないように（政府の言葉を使えば「持続可能な制度」となるように）、という視点から、制度の見直し、すなわち給付の削減などが行われてきました。今また、「財政再建」の旗印のもと、その方向での制度「改正」が行われようとしています。

その姿勢を一八〇度転換させて、制度の恩恵を受ける人（受けざるをえない人）の立場から、すなわち、どのような給付・サービスが必要かという見地から、制度を設計し直す必要があります。誰もが、恩恵を受けざるをえない立場になりかねないわけですから、その方がみんなのためになります。何のための制度かという視点から見ても、そうした制度にすることは当然のことです。

それは、十分に可能なことである

こうした方向にこれからの日本を作り変えようと言いますと、ただちに出される疑問が、そんなことが実現可能か、という疑問であり、具体的には、企業経営がそれ（労働環境の整備等）に耐えられるか、財政がそれ（社会保障制度の再構築等）に耐えられるのか、という疑問です。

十分に耐えられる、御安心くださいと言っていいでしょう。

企業が耐えられるかという疑問、それが国際競争力に関する疑問であるとすれば、その答えはすでに第四話で出しておきました。現在の強過ぎる日本の競争力からすると、耐えられるか、などとの疑問を発する方が野暮というものです。いわば、日本の企業の労働力の使い方（賃金水準、労働時間、雇用条件等々）を、ヨーロッパ企業のそれに、せいぜい近づけようという程度の提案をしているにしか過ぎないわけですから。

それでは、海外との競争ではなく、国内での競争についてはどうか、という疑問が出されるかもしれません。例えば、最低賃金の大幅な引き上げをしたら中小企業の経営は成り立たないという見方があります。なぜ成り立たないと予想するのでしょう。モノとかサービスの値段は今と変わらない、という前提を置いて、成り立たないと予想しているのではないでしょうか。賃金などのコストが上がれば、モノやサービスの価格も上がる（上げることができる）と考えるべきでしょう。値上げすれば競争に敗けてしまうと心配することはありません。全ての企業が同じ条件に立つのですから。値上げすれば売れなくなるという心配もありません。必要なモノやサービスは必ず売れるはずです。働く人々に、その暮らしが十分に成立つだけの処遇をすれば大半の企業は経営が成り立たないというのであれば、国内からは企業がなくなる、ということになります。そんなことはありえないと考えるべきでしょう。

財政の問題については、第十八話で答えを出しておきました。歳出面で不用のもの――軍事費、ムダな大型公共事業等――を削る、税制面では、負担能力のあるところ――大企業、資産家、高額所得者等――に負担を求める、というものです。

あと一言付け加えておきましょう。歳出のムダを徹底してなくし、負担能力のあるところに十分な負担をしてもらう、それでもなお社会保障支出のための財源が足りないということであれば、最終的には、総額一〇〇〇兆円を超える家計の純金融資産（金融資産マイナス借入）があてにできる、ということです。家計の金融資産は、その多くが万一の時（病気になったら、高齢になり所得がなくなったら、介護が必要になったら、等々）の備えとして蓄えられているものです。万一の時にも個人のお金はいらない、制度が全てをまかなってくれる……ということになれば、蓄えはいらなくなります。万一の時のために、ということで人々が個人的に蓄えに回しているお金は、税金として、あるいは社会保険料として政府に拠出してもいい、ということになります。

今とは違う日本へ、自信をもって歩き出そう

暮らしの視点から、あるべき経済の姿を考えてみましたが、幸いなことに、と言うべきでしょうか、こうした方向に日本経済を変えていくことが、同時に、景気を良くすることにもつながる、企業のためにもなる、日本社会全体の安全と繁栄をもたらすことにもなる、ということがあります。

「構造改革」政策が、企業にとっても、日本経済全体にとっても、困った状況を生み出していることを先に見ました（第十三話）。そうした状況を打開するためには小手先の政策ではもうダメです。根本から政策を変える、「構造改革」とは反対の政策を展開することが必要です。

その政策の第一歩が、労働環境を整備し、社会保障制度を再構築することです。そのことに成功すれば、これからの日本を考えるうえでの最大の問題として政府や財界がとらえている少子化問題も、おのずから解決に向かうだろうと、これは断言してもいいことです。

何も懸念することはない、まず、暮らしやすい社会の方向へと、踏み出しても大丈夫、踏み出した方が全ての点でよろしい、ということです。

今とは違う日本へ、ビジョンを掲げて、自信をもって歩き出しませんか。

おわりに

この本は、青灯社、辻一三さんのお勧めにより執筆したものです。新しい、私の全く知らない出版社でしたが、いい本をたくさん出版されている、良心的な出版社と見て、お受けしました。

最初にお話がありましたのは、安倍内閣が発足して間もない、二〇〇六年一一月のことでした。ただし、当時は、取りかかっていた仕事などもあり、執筆開始は二〇〇七年九月に入ってから、原稿が完成したのは一一月の初めと、随分とお待たせすることになりました。本書を執筆している間に安倍内閣の崩壊、福田内閣の登場ということがありました。結果として、安倍内閣の崩壊後にその政策批判の書が出る、などということにならなかったのは、出版社としてもよろしかったのかな、などと勝手に思っています。

もっとも、この本で取り上げた福田内閣の政策についても、この内閣がいつまで続いているか、という危うさがあります。そうした危うさをふまえつつ、本の寿命が、福田内閣の寿命よりも長持ちするよう心がけて書いた、ということを、余談ながら記しておきます。

二〇〇七年一一月

山家　悠紀夫

山家悠紀夫（やんべ・ゆきお）現在、暮らしと経済研究室主宰。一九四〇年、愛媛県生まれ。一九六四年、神戸大学経済学部卒業、第一銀行入行。第一勧業銀行調査部長、第一勧銀総合研究所常務理事調査本部長、同専務理事、神戸大学大学院経済学研究科教授を歴任。著書『偽りの危機　本物の危機』『日本経済気掛かりな未来』（以上、東洋経済新報社）『「構造改革」という幻想』（岩波書店）『景気とは何だろうか』（岩波新書）『「痛み」はもうたくさんだ！』（かもがわ出版）

日本経済 見捨てられる私たち

2008年2月10日　第1刷発行
2008年5月15日　第2刷発行

著者　山家悠紀夫
発行者　辻一三
発行所　株式会社青灯社
東京都新宿区新宿1-4-13
郵便番号160-0022
電話03-5368-6923（編集）
03-5368-6550（販売）
URL http://www.seitosha-p.co.jp
振替　00120-8-260856

印刷・製本　株式会社シナノ

ISBN978-4-86228-020-6 C0033

小社ロゴは、田中恭吉「ろうそく」（和歌山県立近代美術館所蔵）をもとに、菊地信義氏が作成

●青灯社の本●